この働き方大丈夫？

中国新聞取材班

集広舎

刊行に寄せて

作家　雨宮処凛さん

「家賃を払えずシェアハウスを追い出されてしまいました」「所持金も尽き、頼る人もおらず、どうしていいかわかりません」「もう自殺するしかないでしょうか」。これらは、コロナ不況で仕事を失った女性たちから聞いた声だ。

同じように本書では、非正規労働者や女性、高齢者など様々な働き手からこの国の現実が語られる。

女性の生きづらさは、コロナで一層、顕在化した。野村総合研究所の試算によると、２０２１年2月時点で「実質失業者」の女性は１０３万人に上る。困窮者支援の現場でも、女性の姿が目立つ。コロナ以前は路上生活をする中高年男性を中心に数十人が並んだ都内の炊き出しには、今や３００人以上が並び、若い女性やカップル、高齢女性の姿も珍しくなくなった。

リーマン・ショックの年に東京・日比谷公園であった「年越し派遣村」を訪れた５０５人のうち女性はわずか５人。この13年で、日本社会からは「女性を守る余力」までもが失われたことをコロナ禍はあらわにしたことになる。

だけど、「何かあれば」こうなることは目に見えていたはずだ。女性の非正規雇用率は5割以上。非正規の女性の平均年収は１５２万円（国税庁調べ）で、これでは貯金もままならないからだ。

雇用がぐらつく今、本書に登場する私と同じ就職氷河期世代の人たちの悲鳴がより切迫感を持つ。正社員でも、時に「子あり」「子なし」で対立させられてしまう女性たち。「女性活躍」と盛んにあおられる中でつぶやいた「輝け輝けってホタルじゃないんだから」という言葉には思わず吹き出した。

シニアも「老後資金」という不安にあえいでいる。次男が介護職員という母親の「私は90歳まで働き続けます」という言葉は立派だが、他国の人からはそんな日本の現実を「老人虐待」と指摘されることもある。

なんだか「どの世代も大変」な現実に心が折れそうになるが、それでも本書には「みんなが幸せになる働き方」のヒントが詰まっている。いま一度、働き方と生き方を見直すためにも、ぜひ、多くの人に読まれてほしい。

あまみや・かりん　1975年、北海道滝川市生まれ。作家。フリーターなどを経て2006年から貧困問題に取り組み、「生きさせろ！難民化する若者たち」で日本ジャーナリスト会議賞。「コロナ禍、貧困の記録」など著書多数。

刊行に寄せて

NPO法人「POSSE」代表　今野晴貴さん

本書のベースになった中国新聞の連載「この働き方　大丈夫？」は2020年秋、貧困ジャーナリズム賞を受賞した。市民団体の反貧困ネットワーク（代表世話人・宇都宮健児元日弁連会長）が、貧困問題を巡る優れた報道に贈る賞だ。

低賃金などにあえぐ非正規労働者の実情に迫っている。テーマはこのほか、副業やテレワーク、女性の働き方、パワーハラスメントの問題など多岐にわたる。労働・貧困問題の支援現場に身を置く私も日々接し、なじみのある問題ばかりなのだが、内容はとても新鮮に映る。

それは一つ一つの問題について、さまざまな立場の人々の言葉を具体的に紹介しているからだ。それぞれの感じ方、立場の「違い」が描き出され、それをデータからも裏付けていく。だからだろう。多くの新たな気付きがあった。

非正規で働く人たちの絶望感は大きい。頑張っても給与は正社員の3分の1しかもらえない。一方で、正社員も重い責任に苦しんでいる。退職代行サービスを利用して会社を去る若手社員、いきなり関係を断ち切られた管理職の憤り…。育休を取得しても育児に協力しない男性に、働く女性の不満は募る。新型コロナウイルス禍で就職難に直面した学生のやるせなさ、企業に雇われることに見切りをつけて自分らしい働き方を求める人たちにもクローズアップする。

最近はやりの「多様な意見」を並べるだけのありきたりの書物とは一線を画していることも断っておこう。それは、社会の中で弱い立場にある人々のリアリティーを鮮明に捉えているからだ。

特に女性や高齢者、そして若者が抱えるさまざまな困難がリアルに発せられている。今、この社会にどんな人たちがいて、何に悩んでいるのか。この社会のどこにゆがみがあるのかを知ることができる。

シニア世代にとっては若者のことが、若者には中高年のことが、男女は今までよりも互いのことをもっと理解できるようになるだろう。一人一人が日本社会を生き抜くための「教科書」になると同時に、共生社会を実現するための手掛かりにもなるに違いない。

こんの・はるき　1983年仙台市生まれ。一橋大大学院社会学研究科博士後期課程修了。2006年、若者の雇用問題に取り組むNPO法人「POSSE」設立。年間5千件以上の労働・生活相談に関わる。著書「ブラック企業　日本を食いつぶす妖怪」で大仏次郎論壇賞。

はじめに

「努力が報われないのって、おかしい」。同僚の欒暁雨《らんしょうう》記者が怒っていたのが、連載の始まりだった。この本に収録している「この働き方　大丈夫？」は、中国新聞朝刊くらし面で2019年12月から21年2月まで掲載した連載記事。働き方がいびつになっているんじゃないか、という疑問が出発点にあった。

とりわけ非正規で働く人の数が増え続けていた。給料は安いのに、正規雇用の人と同じような仕事をしている人もいる。それに非正規の道を一度選ぶと、正規に戻るのはなんと難しいことか。

片方で、政府は「働き方改革」の旗を振っていた。長時間労働をなくそう。就職氷河期世代に再チャレンジを。一億総活躍、女性活躍を促そう―。どれもこれも言葉は美しいのに、空回りしているように映った。現実とあまりにもかけ離れていたからなのか。

みんな、いったい、どう思っているんだろう。働く人たちの本音はどこにあるんだろう。リアルな声をたくさん聞けば、前に進むための一歩が見えてくるんじゃないか。そんなことを話し合った。そして、怒っていた欒記者と11歳年上の温厚な林淳一郎記者が一緒に走り回り、接したため息の数々を連載で伝えている。

記事では毎回、読者の皆さんの体験や意見を募った。私もそうなんです。自分はこんな経験をしました…。寄せられた多くの声が、次の記事へとつながった。これは、読者の皆さんと一緒に作った連載でもある。

連載を担当したデスクとして、取材にご協力いただいたすべての皆さんに、心より感謝申し上げたい。

中国新聞社報道センター社会担当部長代理　平井敦子

本書は、2019年12月から2021年2月にかけて中国新聞に連載された記事を基に制作したものです。登場人物の役職・年齢などは取材当時のままとしています。

contents

はじめに　6

第4章　パワハラが怖い　93

第5章　長引くコロナ禍の中で　129

第6章　テレワークのうねり　149

第1章　われら非正規ワーカー

就職氷河期という「貧乏くじ」

バブル世代正社員
私たち
当たりでした！
若者正社員
貧乏くじ
就職氷河期世代
非正規雇用から
抜け出せない…

人生100年時代、私たちは「働くこと」とどう向き合えばいいのでしょう。人口減少や人工知能（ＡＩ）の進化で、仕事を取り巻く環境が大きく変わろうとしています。

「働き方改革」が叫ばれて久しいですが、職場には今も多くの課題が残されたままです。まずは「就職氷河期世代」の人たちが直面する困難に耳を傾けます。

心の支えは高校時代の成績表。今はもう輝けない

廿日市市の無職男性（46）国立大を卒業し、職を転々としている。

僕、今は無職ですが、国立大を出てるんです。高校も進学校で、東大京大が狙える成績でした。あの頃は何にでもなれると思っていたのに――。同級生には医者、弁護士、経営者と「上級国民」もいて、年に1回の同窓会には怖くて出られません。

成功者がいるのも事実ですが、でもやっぱり僕らは「貧乏くじ」を引かされた世代だと思います。就活したのは山一證券が破綻した年。景気はどん底で、新卒採用を控えた企業も多かった。バブル期や今のような売り手市場なら、いい企業を狙えたはずですが、僕は30社近く受けて、ほとんど落ちました。ようやく内定が出た企業は、過酷でした。採用人数を絞って仕事量が増え、ぎすぎすしていたんでしょうね。過剰なノルマを課されました。個人の売上額が毎朝ファクスで届き、成績が悪いと同僚の前で「公開処刑」です。耐えられず1年足らずで辞めました。

その後、10社以上で働いたけど、どこでも消耗品のような扱いを受けました。「代わりはいくらでもいる」「不満なら他に行け」と散々言われました。突然解雇されたこともあります。家族持ちは生活があるからと、20代だった僕らが切られました。就活と同じように、上の世代の雇用を守るために犠牲になったんです。「氷河」はずっと解けないままです。

最近、国が「氷河期世代の支援」とか言い出したけど、この年でどう再チャレンジすればいいんでしょうか。

社会に出た時は不況で、景気が回復したら年を取り過ぎていて。巡り合わせが悪いですよね。

世の中から見捨てられ、「透明人間」のようです。だから僕、いつも高校時代の成績表を持ち歩いているんですよ。10段階評価で8以下がないでしょ。ハローワークの担当者にも見せるんです。輝いていた時代を唯一証明できるものだから。

真面目に仕事したのに…。こんな「使い捨て」許されるんですか

広島県西部の無職女性（45）1カ月前に派遣切り。今は求職中。


ある日、派遣会社の担当者がやって来て「契約の更新はありません」と一言。それで終わりです。２年11カ月勤めた自動車関連の工場で、突然の雇い止めでした。部品の点検の仕事を、誰よりも真面目にした自負があるのに。上司から直接雇用の話も出てたのに…。こんな「使い捨て」、許されるんでしょうか。

私たち氷河期世代の未婚女性は派遣社員だらけ。養ってくれる人がいないから、働き続けないと生きていけない。失業＝貧困ですよ。なけなしの預金１００万円を食いつぶす日々です。美容院も年１回しか行かなくていいように、髪は長くして結んで。おしゃれしたい気持ちがなくなったのはいつだったか。

転勤が嫌で正社員だった雑貨販売の会社を辞めてからは、ずっと派遣です。環境もひどかった。派遣切りされた工場は、夏はエアコンも効かない暑さで、同僚が脱水症状でばたばた倒れる。帽子とマスクで作業するの

で同僚の顔も、名前も分からない。会話もない。私たち、意思も感情もないロボットみたいでした。

それでも時給は1100円だったのでまだましでした。先日、紹介されたのは890円のレジ打ちで、交通費もなし。体力も落ちたので事務職が理想ですが、狭き門です。若い頃から受験も就職も厳しい競争だったのに、この年になっても若い人と少ないパイを奪い合っているなんて…。勝ち目はありません。

「こんな簡単な仕事ができないの」。20代の正社員に言われる

広島市の派遣社員女性（44）
「つなぎ」のつもりの派遣がもう10年以上。正社員に返り咲けない。

歯車が狂ったのは、新卒で働き始めてすぐのことです。三重県出身で、私立大を卒業したのは1998年。超氷河期で、男子以上に女子の求人は少なかった。地元の中堅スーパーに採用されたのは「御の字」でした。でも、入社式で社長は開口一番「君たちは今日からリストラの対象」と言い放ったんです。

長引く不況で、人件費をカットしたかったんでしょうけど、あぜんとしました。配属された系列のレストランは慢性的な人手不足で休みは月3、4日。残業代も出ない。時給換算すると余裕で最低賃金を下回っていました。過労で1年持たずに退職しました。

「モーレツ社員」だった父親は正社員以外は認めず、けんかが絶えませんでした。それもあって、30歳を過ぎた頃に広島へ。人生をリセットしたかったけど、何社受けても不採用。希望は砕けました。若さもスキルもな

い女には、正社員は果てしなく高い壁になっていました。

派遣人生はつらいですよ。自分よりずっと若い20代の女性正社員に「こんな簡単な仕事ができないの」「給料泥棒」と嫌みを言われます。就活に苦労しなかった若い子には、私の現状は「自己責任」と映るんでしょう。時給は上がらず、条件のいい求人も減る一方。世間は働き方改革で残業代も稼げなくなって大打撃です。

広島市中心部はランチ代も高いのでお弁当持参です。このまま一生、収入が増えないと思うとモチベーション上がらなくて…。普通の人でも真面目に働けば報われる社会って、高望みなんでしょうか。

人件費抑えて労働力確保

非正規労働者

パートやアルバイト、契約・派遣社員として働く人たちだ。総務省の就業構造基本調査によると、いまや全国で2千万人を超え、働き手の4割近くを占める。

国は「正規雇用」の3条件を満たさない働き方を「非正規雇用」としている。条件とは、(労働契約の) 期間の定めがない▽フルタイム▽直接雇用—。つまり、正社員のように「いつでも、どこでも、何でもやる」のではなく、限られた期間や短い時間で働く人たちが該当する。

これまでに政府が進めた労働者派遣の規制緩和なども、非正規雇用の増大に拍車を掛けた。雇う側からすれば、人件費を抑えて労働力を確保できる。不況になれば、雇用の「調整弁」にされる。象徴的なのが、リーマン・ショック（2008年）後の「派遣切り」だ。

正規と非正規では大きな格差がある。例えば、正社員の平均年収は約500万円。一方、非正規で働く男性の約

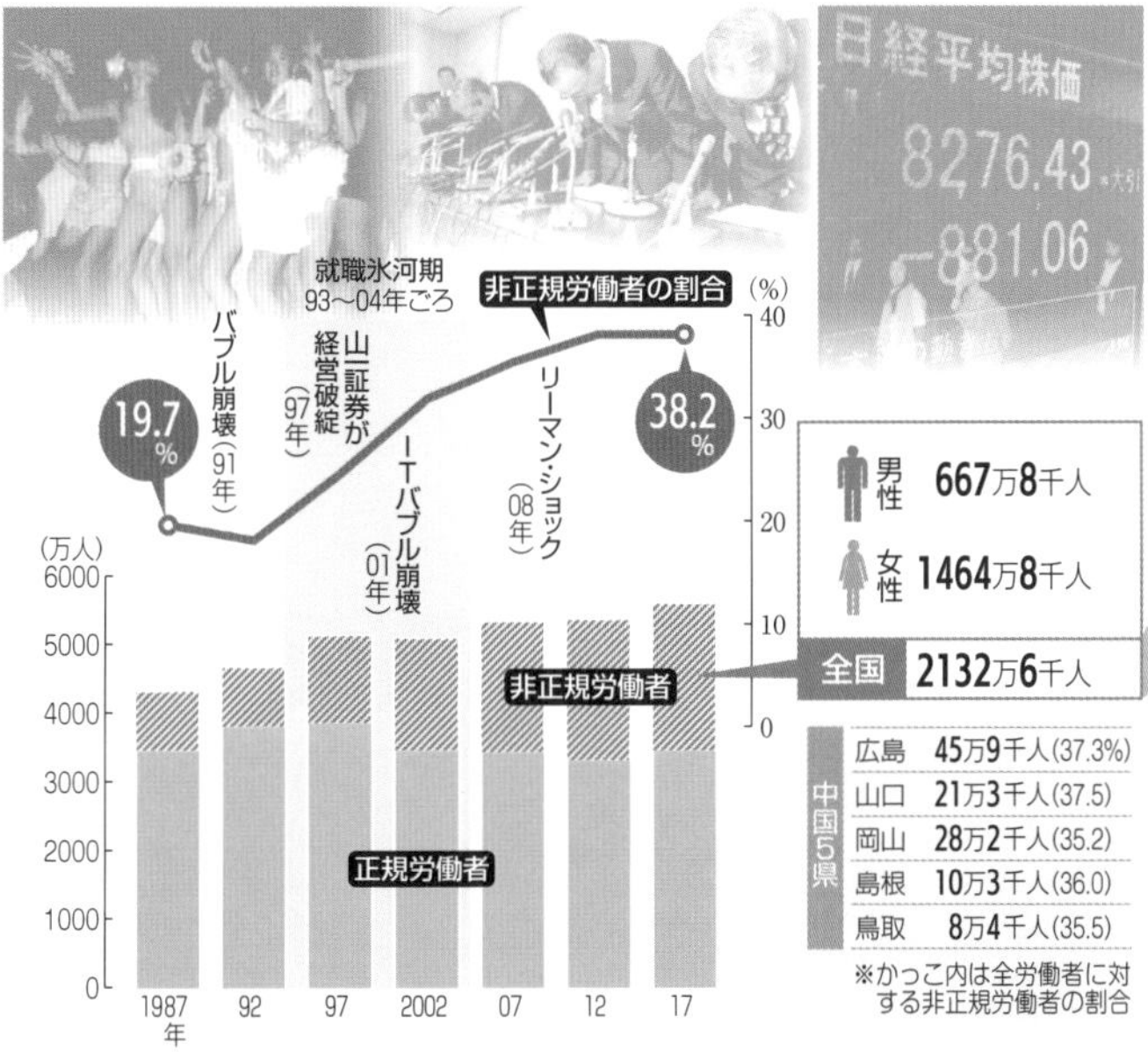

※かっこ内は全労働者に対する非正規労働者の割合

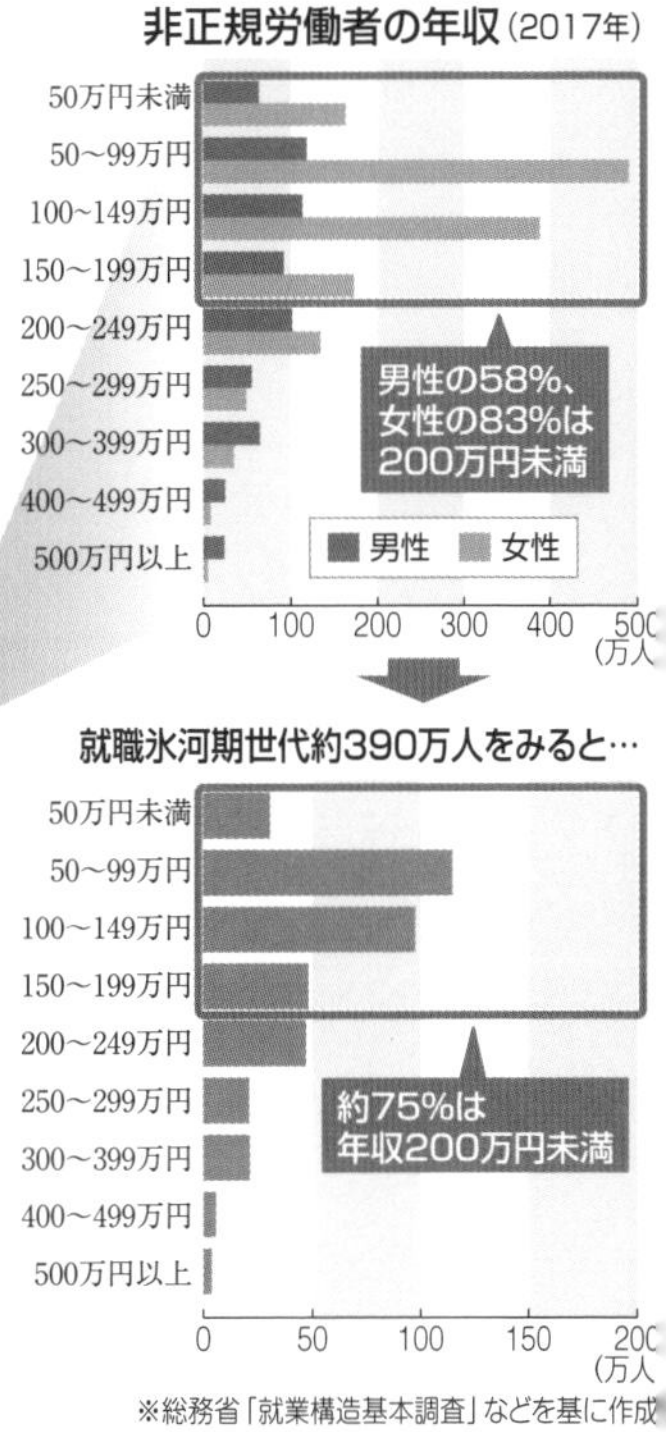

※総務省「就業構造基本調査」などを基に作成

非正規で働く主な理由	男性	女性	全体
正規の職員・従業員の仕事がないから	20.0%	9.2%	12.6%
自分の都合のよい時間に働きたいから	24.6	29.3	27.8
家計の補助・学費などを得たいから	13.1	23.7	20.3
家事・育児・介護などと両立しやすいから	1.1	15.2	10.8

6割、女性の約8割が年収200万円未満にとどまる。

もちろん、長時間労働や転勤を嫌って、あえて非正規を選ぶ人もいる。一方で、見過ごせないのが「不本意非正規」だろう。正規の仕事がないため、望まずして非正規で働く人たちだ。全国で約270万人に上り、安定雇用にたどり着けない人は依然として多い。

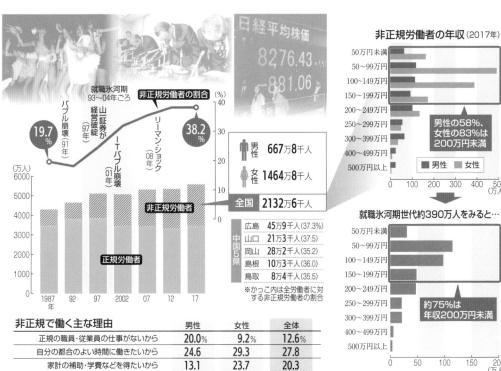

バブル崩壊の荒波かぶる

就職氷河期世代

バブル崩壊後の景気悪化が続いた1993～2004年ごろに学校を卒業し、就職難にあえいだ世代で、約1700万人。大学新卒者の就職率は03年に史上最低の55・1%を記録し、正社員の座をつかめなかった人は少なくない。

現在、30代半ば～40代半ばを迎えた。このうち約390万人は非正規で働いている。4人に3人が年収200万円に満たない低収入という実態も浮かぶ。いまだ新卒一括採用が色濃い日本では、非正規から抜け出すのは容易ではない。

この世代の「不本意非正規」も約54万人に上る。国は今年、支援プログラムをまとめ、３年間で正規雇用を30万人増やす目標を掲げている。仕事や子育てをしながらの資格取得や民間ノウハウを活用した教育訓練・職場実習をはじめ、ハローワークに専門窓口を設置。きめ細かな「伴走型支援」などに予算を投じる方針だ。

給料格差　正社員の3分の1

非正規で働く人の多くは、年を重ねても給料が上がりません。

4人に3人が年収200万円に届かないといいます。正社員との格差は広がるばかり。どう頑張ってもステップアップできない現実を嘆く声が聞こえてきます。

仕事しない「フラフラ族」。どうして「ＩＴ介護」まで

岡山市の派遣社員女性（39）関西の私立大卒業後、ずっと非正規で働く。

これまで大阪などの7社で働きましたが「正社員＝優秀」とは全く思いません。多くの職場に仕事をしない50代の社員がいました。雑談と休憩が長く、「フラフラ族」と呼んでました。書類作成は苦手で、エクセルの使い方をしょっちゅう聞かれて。派遣の私たちは自力で勉強したのに「ＩＴ介護」です。こちらの仕事が中断するので困りました。

今は母と2人暮らしで、保険系の会社で働いています。居心地は悪くないですが時給が安く、年収は２５０万円に届きません。正社員は私の3倍はもらっているそうです。それに、スキルアップの機会も福利厚生も違いすぎる。

以前の会社は近くの整体院と提携していて、正社員は1時間5千円のマッサージが無料でした。昼休憩の後にスッキリした表情の社員がうらやましくて。こっちは肩凝り用の「アンメルツヨコヨコ」が手放せないのに。「身分」はもう変わらないのかなあ。

無神経な発言にも傷つきます。「派遣って気楽でいいね」とか「簡単に有名企業に入れるし、エリートの男を探すのが目的でしょ」とか言われます。氷河期世代には、仕方なく派遣社員をしている「不本意非正規」が多いのも知らない。

先日は職場で語学の話題になって、「大学時代に留学していたので英語は多少話せます」と言ったら、正社員

に「派遣なのにすごいね」って言われました。「なのに」って、何なんですかね。私、外資系企業で電話応対の業務をしていました。海外では派遣の方が専門性が高くて時給もいい。でも日本では、非正規というだけで下に見られてしまいます。

男性は、すぐ昇給。「生活がある」のは私も同じなのに

広島県東部の非正規労働者女性（46）配送業の職場。男女格差に怒り。

雨が降ろうが、雪が降ろうが配達です。猛暑の夏もへとへとになるまで回ります。それで時給千円ちょっと。正社員とほとんど変わらない仕事なのに、年収は3分の1の200万円くらいです。その上、女性って不利だってつくづく思うんです。

ドライバーの仕事が好きで、この業界に入ったんです。もう12年たつかな。でも体力とスピードが勝負だから、非正規の間でも男女の格差がついちゃって。重い荷物もあるし、たくさん持てないし…。配達中のトイレにしても、安心できる女子トイレは遠くて時間をロスしてしまう。

それに、男性は非正規で若くても時給がすぐに上がっていく。生活があるからって言うんです。私も生活を懸けて働いているんですけどね。腹が立つと手をぎゅっと握り締めるんです。いろんな思いが胸にたまって気が休まらず、3時間くらいしか眠れない日もよくあります。

72歳の母親と公営住宅で2人暮らしで、稼ぎ手は私だけ。年金がほとんどない母の介護保険料も払っています。ぜいたくはしていなくても、貯金する余裕なんてありません。

ふと思うんです。悪い時代に生まれたなって。高校を出た時はバブルが崩壊していて、就職試験は数人の募集に100人くらい押し寄せた。何とか入った地元の小さな玩具会社は福利厚生なし。超ブラックで半年も耐えられなかった。

いまさら正社員を目指すのもどうかな。安い初任給から人生を立て直すわけでしょ。それよりも私たちの男女格差だけでも改めてもらいたい。不幸せに働きたくないですから。

仕事続かず、親の年金が「生命線」

就職氷河期世代の中には、老いた親の年金に頼って生活している人たちもいます。安定した職に就こうにも、30代半ばを過ぎて「年齢の壁」に阻まれているのが一因です。親の死で経済的な「生命線」が断たれたらどうしよう──。不安にさいなまれています。

私の人生、ほぼ真っ白。独りぼっちの未来が怖い

広島市の無職女性（41）
高齢の母親と２人暮らし。
母の国民年金月４万円と父のわずかな遺産が頼り。

大学卒業後は実家の工場で働いただけで、ほとんど社会に出たことがありません。この前、履歴書を作ろうとしたら、職歴欄もアルバイト欄も書くことがなかった。私の人生、ほぼ真っ白です。若い頃、将来を深く考えなかったことを後悔しています。

年を重ね、弱っていく母（78）から「私が死んだ後どうやって生きていくの」と心配される毎日。独りぼっちの未来を想像するのが怖くて、布団に潜り込み、目を閉じて何も考えないようにするんです。このまま目が覚めなくてもいいかもなって思いながら。

父のわずかな遺産を使い切ったら終わりです。不安になるとつい、ネットで「パラサイトシングル」と検索してしまう。抜け出すヒントがないか探しても、あるのは「末路」とか「共倒れ」とか、ネガティブワードばかり。見なければよかったと落ち込みます。

大学卒業はＩＴバブルがはじけた２００１年。先輩たちは１００社以上受けて全滅していました。社交的で優秀な同級生すら内定をもらえない時代です。私なんか到底無理だと、就活から逃げてしまいました。

実家が小さな自動車整備工場をしていたので事務を手伝っていました。孫請けのような立場で経営状態は厳しかった。父の糖尿病が悪化し、認知症の症状も見られるようになって、廃業しました。

それから数年間は、母と一緒に父の看病と祖母の介護をして、ほとんど家から出ていません。肩書はずっと「家事手伝い」。女性もバリバリ働く今の時代、絶滅危惧種ですよね。

働く意欲はあるんです。介護系の資格を取るために学費を稼ぎたくてもどこも雇ってくれません。一度だけ、病院の短期パートをしたことがあるけど要領が悪くて失敗ばかり。「あの人使えない」という陰口もありました。でも、腹も立たない。その通りですから。「どうせ私なんて」って、ずっと思ってきました。ただただ、消えてしまいたくなります。

母から現金受け取り「ありがとう」。ぼそっと言うのが精いっぱい

広島県西部の無職男性（46）
1人暮らし。
収入は障害年金と母の国民年金の計11万円。

仕事や人間関係のストレスで30代でうつ病を発症しました。睡眠導入剤が手放せず、日中ぼーっとすることもあります。心療内科にも定期的に通わないといけないし、職探しに苦労しています。正社員と非正規を含め、職歴は10社以上。でも労働基準法（労基法）を守らない悪質な企業が多かったですね。

70代の両親にはあきれられていて。うちは典型的な昭和のサラリーマン家庭で、大企業の正社員が成功者という価値観です。努力が足りないとか、自己責任とか言われて針のむしろでした。「介護や清掃は駄目」と仕事

の種類まで注文をされるのがしんどくて。

実家を出たものの、生活の大部分を依存している状況です。収入はうつ病の障害年金と、母の国民年金を合わせた月11万円。大手企業に勤めていた父の年金は潤沢で、両親は当面それだけで暮らしていけるので。月1回、母の年金をもらうために帰ります。銀行の袋に入った現金を受け取る時は、「ありがとう」とぼそっと言うのが精いっぱいです。

消費税も上がって生活は苦しいです。安アパートでも家賃を引いたら、ほぼ残らない。食費を月３万円以下に抑えるために毎日同じメニューです。白米、みそ汁、バナナ、ヨーグルト。「安くて体にいいもの」と考えてたどり着いた4品です。それでも赤字になると、前に趣味で買い集めた鉄道模型をネットで売って穴埋めしています。

アベノミクスって何だったんでしょうか。恩恵どころか、増えたのは税金と仕事の負担感だけです。仕事なし、お金なし、体力なし、希望なしの「ないない尽くし」。今頃、氷河期世代の支援って言われてもね。同情するなら仕事くれって感じです。

「あえて」正規じゃない選択

一般的に待遇面などで恵まれているとされる正規雇用の人たち。しかし中には、非正規の働き方より厳しいケースもあるようです。さまざまな事情から「あえて」非正規で働いているという人の声を聞きました。

「定額使い放題」の正社員は嫌。今の方が気持ちが楽

広島市の契約社員女性（33）大学卒業後、働いた6社のうち4社で正社員。

正社員は安定しているって言うけど、実態は「名ばかり」ですよ。かつての職場では、連休なし、夜間も顧客対応、なのに月の手取りは15万円以下でした。非正規が「使い捨て」なら正社員は「定額使い放題」。どっちもどっちですよね。

生活できないので、喫茶店とネットカフェのアルバイトを掛け持ちしました。トリプルワークで目の下にはくまができて。これでいいのかなあって、いつも思っていました。

「正社員神話」は、新卒で入社した大手スーパーで早々に崩れました。ストレスで体調を崩して3カ月休職したら「メンタル弱い面倒な人」と認定されて、あっという間に居場所を失いました。誰も守ってくれない。足並みを乱す人に組織は冷たいんです。

別の会社の正社員に転職しましたが、求人とは違う部署に回され、ショッピングサイトの運営を丸投げされ…。育てられているっていう感覚が持てないし、消耗するばかりで幸せにはなれないと気付きました。

派遣会社に登録してからの方が気持ちが楽です。社会保険に入れて、半年ごとに有給休暇ももらえる。頑張れば時給も上がります。「私だって時給１２００円以上で勝負できるんだ」と自信が付きました。

担当者も私の長所を探してくれます。「仕事を覚えるのが早い」「勉強熱心ですね」。褒められるとうれしくて、日課にしているランニングの足取りも軽くなる。体力を付けて、もっと仕事頑張ろうって。しぼんでいた自己

肯定感がよみがえります。
2018年春から大手の電機メーカーで働き、3年後の正社員登用試験を目指しています。先端技術に関わる仕事で、やりがいがある。教育制度が充実していて出張にも行かせてもらえます。こんなホワイトな職場あるんですね。

最近は、雇用形態って関係ないなと思います。非正規で満足しているわけじゃないけど、正社員になる価値がある職場って案外少ない。人間らしい働き方ができないと意味ないですよ。

パートの時給は確かに安い。それでも「コスパ」がいい

広島県西部の40代パート保育士女性
結婚後に正職員を辞め、昨年パートとして復帰。夫と小学生の娘と暮らす。

「そろそろ正職員にならない？　お給料も上がるわよ」って。この間も園長から誘われました。目をそらして言葉を濁して、やり過ごしました。正直、今はその気になれません。フルタイムに戻る勇気がないんです。

正職員は拘束時間が長くて休日出勤も多い。食事の世話におむつ替え、保護者とのやりとり…。朝7時から夜9時すぎまで、本当にバタバタ走り回っているんです。幼保無償化で園児がこれ以上増えたらどうなるんだろう。

あんなふうだと家庭との両立は難しいですよ。家族にイライラをぶつけたり、育児がおろそかになりそう。

娘とおやつを囲んで学校での出来事に耳を傾ける時間も私には大切。パートの時給は確かに安いですが、それでも正職員よりは「コスパ」がいいと思います。

保育ってなかなかの「３Ｋ職場」ですよ。命を預かるという重責の割に給料は安い。うちの園は正職員が書類仕事を担当する決まり。年間の保育計画を考えてＡ３判の紙にびっしり書き込みます。上司から内容に駄目出しされて何度もやり直す姿が気の毒で…。パートができるのは連絡帳の記入までなんです。

パートが増えるほど正職員に負担が偏るという悪循環です。先日、正職員の同僚に「パートばかりで困るよね」と言ったら苦笑いされてしまって。不満がたまっているんでしょう。申し訳ない気持ちになりますが、正職員のハードルは高すぎる。「子どもが好き」という情熱だけでは、働き続けられないのが現実です。

願いは自立　複雑な親世代

息子を
支えるために
定年後も
稼がなくっちゃ
管理人

非正規で働く子どもを親世代はどう見ているのでしょう。お金を残すために定年後も働き続けたり、日常的に援助したり……。

自立を願う一方で、突き放すこともできない複雑な親心が浮かびます。

年金より収入少ない息子。お金を残してやりたい

広島市西区のアルバイト男性（71）
マンションで管理人の仕事。
派遣社員の息子（41）の将来が心配。

定年後に見つけた職場は区内の分譲マンションです。清掃や点検など、週３日、朝から夕方まで働いて月収は10万円ちょっと。持ち家で年金もあるので節約すれば暮らせますが、息子に少しでもお金を残してやりたいんです。

息子は派遣会社に登録し、倉庫やコールセンターの仕事を転々としています。年収は２５０万円くらいじゃないかな。私の年金より少ないんですよ。実家にも居づらいようで、職場の近くで１人暮らしです。先日、久しぶりに会ったら白髪が増えていて。男同士あまり深い話はしないけど、人生に悩んでいるんだと思います。

東京の私大を卒業した息子は、出版社志望でしたが当時は超氷河期。業種を広げて受けても、どこも不合格でした。電話すると「性格がゆがみそう」と落ち込んでいました。唯一内定が出たのは小さな編集プロダクションで、20時間働く日もざらにある。薄給の上、おとなしい息子はパワハラ上司からターゲットにされました。円形脱毛症とパニック障害になって、30歳を前に退職。でも当時、私は正直、我慢が足りないと思っていたんです。

ただ、甘いと思われるかもしれないけど、こんな社会にした責任は親世代にもある。最近、過労死のニュースを見るたび、ぞっとします。息子もその手前だったかもしれません。広島に帰ってこいと説得しました。今は派遣でも何でも、生きているだけましと思うようにしています。もちろん、いい就職先があればそれが一番ですが。

10代で出産した娘支えたい。でももう疲れた

廿日市の主婦（50）

シングルマザーの娘（25）。パートでは暮らせず実家に居候。

私、42歳でおばあちゃんになりました。娘は18歳で長女、19歳で次女を出産。高校の同級生だった相手とはすぐ離婚し、音信不通です。月4万円の養育費も支払われないままです。娘は近所の商業施設でパートをしていて、時給は950円。児童手当を合わせても月の手取りは14万円弱です。帰りが夜9時を過ぎることも多く、その間、孫の世話は私任せです。生活費は入れてもらっていますが、食費や孫の洋服代など、親の私たちの持ち出しも多い。夫の定年後を考えると怖くて。たまにソファで1人ぼーっとしていると涙が出てきます。娘の生活を安定させるには正社員が近道。でもシングルマザーには高い壁です。給料が上がる代わりに転勤も避けられない。2人の子を抱えては難しいでしょう。下の孫には発達障害のような兆候もあります。療育も必要となると、どうすればいいのか。

わが家には70代後半の義理の両親もいて、重い持病があります。介護と娘・孫の世話が重なり「トリプルケア」状態です。非正規の子どもを支えたい気持ちはありますが、疲れ切ってしまって。娘が子育てしながら自立できる仕事って、ないんでしょうか。

成長のため突き放した。私も働いて背中見せる

廿日市市のヘルパー女性（70）元フリーターの次男（41）は今、正規の介護職員。

子育ての最終目標は「自立させること」です。わが家では３人の子に日頃から「成人したら親元を離れなさい」と言ってきました。

氷河期世代の次男は、映画関係の仕事に憧れていましたが就職に失敗。大学卒業後の数年間はフリーターでした。長男に「いつまで家におるんや」と叱られ、本人なりに考えたようです。通信教育で資格を取り、正規職として働ける介護の道へ進みました。

夢は実現できなかったのですが、自立のためには仕事を選んでいる場合じゃなかったのでしょう。安月給ですが工夫して生活し、楽しそうですよ。

子どもが成長するためには、突き放して自力で現状を乗り越えさせることも大切です。そのためには親の背中を見せること。人の世話にならずに済むよう、私は90歳まで働き続けます。

第２章　結婚・出産　遠すぎて

男性の婚活「年収３００万円の壁」

雇用の不安定さや経済的な不安が30、40代の恋愛にも影を落としています。第2章は、遠ざかる結婚や出産の現実に目を向けます。とりわけ男性は、年収が少ないほど未婚率が高くなる傾向があるようです。初回は婚活に立ちはだかる「年収３００万円の壁」に悩む男性の声から紹介します。

彼女の親が反対。派遣社員には結婚はぜいたく品なのかな

広島市の派遣社員男性（41）
コールセンター勤務。年収250万円。「非正規」を理由に婚約破棄された。

僕、「平成ジャンプ」なんです。アイドルじゃないですよ。昭和生まれの人が未婚のまま平成時代を飛び越えてしまったという意味です。年収が300万に届かない派遣社員には、結婚はぜいたく品なのかなあ。

10年ほど前に婚約破棄されたんです。当時は関東で働いていて「職が不安定な男とは結婚させられない」と相手の親に反対されました。事務職の彼女と付き合い始めた頃は僕も小売業の正社員でしたが倒産しちゃって。派遣で働きつつ転職を目指していたのに、見事に駄目出しされました。

彼女とは食べ歩きやカラオケなどお金をかけないデートを楽しみ、2年ほど付き合っていました。金銭感覚も似ているし、子ども好き。イルミネーションを見に行った帰りに結婚を約束しました。

でも幸せだったのはその時まで。彼女の親は僕が派遣社員と聞き、家にあいさつに来るのも許さなかった。彼女は母親から「絶対苦労する。別れなさい」と連日、責められて。

そのうち彼女からのメールの返信が遅くなり、電話もつながらないことが増えた。それまでは毎晩電話で一日の出来事を報告し合っていたのに。しばらくして「親の小言に疲れた」と一方的に別れを告げられ、携帯電話を握りしめたまま脱力しました。派遣社員というだけで結婚が許されないんですね。

結婚も子育ても、大人になったら当たり前にするものと思っていたんです。正社員の友人たちは「イクメン」して充実しているのに、僕だけが社会への義務を果たしていない。このままだと、令和もジャンプして一生独身でしょうね。

低所得で敬遠される。一度もマッチングに至らない

廿日市市の介護職男性（43）
老人福祉施設の正職員で年収３００万円弱。婚活歴8年。

これまで婚活パーティーに20回以上参加しました。でも一度もマッチングには至っていません。恐らく介護の仕事が原因です。肉体労働で低所得のイメージを持たれ、敬遠されているのでしょう。

会場では男性が女性の間を回転ずしのように回り、プロフィルを交換して品定めし合う。職業と年収欄は必ずチェックされますからね。年収３００万円ないと相手にされません。毎回数千円の参加費が痛いですよ。

もともと介護職志望じゃありませんでした。氷河期世代で就活は全滅。製造業などで派遣社員として働きましたが、人間関係を築くのが苦手で社員登用試験にも落ちて。自信をなくして引きこもり気味になりました。このままじゃ駄目だと思い「介護職なら正規で働ける」と資格を取りました。小さい頃に祖父母と同居していたので、高齢者に慣れていましたし。

でも就職して、未婚率の高さに驚きました。これまで勤めた三つの施設では8割以上が未婚。今の職場でも12人中既婚者は2人だけです。収入が理由で、結婚を機に転職する「男性の寿退職」も多いですよ。ただ自分で言うのも何ですが、介護職の男性って優しいんですよ。性格も面倒見もよくて家事もできる人が独身だったりするのになあ。

少し前、飲み会で会った女性といい感じになったんです。でも介護職と言った途端、相手のテンションがだだ下がりです。僕への興味を失ったのか、会話も弾まなくなって。そそくさと他の席に移動していきました。悔しくて朝までやけ酒しましたよ。

データで見る　30、40代男性の未婚率

（総務省調べ）

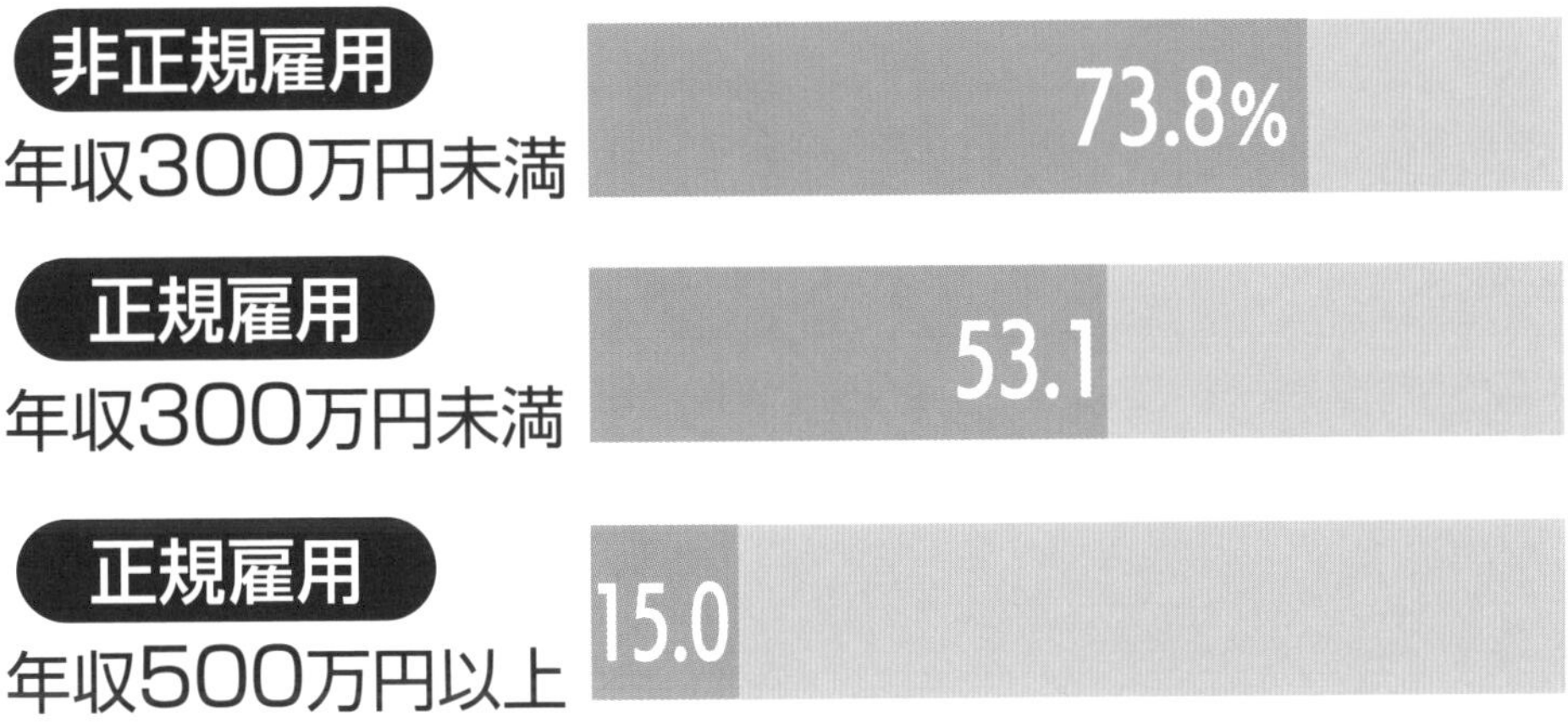

未婚率　経済力で差

働き盛りの男性が結婚しようとするときにぶつかるのが「年収300万円の壁」だ。総務省の就業構造基本調査（2017年）によると、年収300万円未満で非正規雇用の30、40代男性の未婚率は73・8％に上る。正規雇用でも53・1％だ。

一方で、年収500万円以上の正規雇用の男性は、未婚率は15％にぐっと下がる。「安定した経済力」は、結婚の条件としていまだ根強いようだ。

厚生労働白書によると、50歳時点で一度も結婚したことのない男性の割合「生涯未婚率」は15年で23・4％だった。この割合は推計で、35年に28・9％、40年に29・5％までアップする見通しだ。

「普通」の男性　今は「希少物件」

女性たちは結婚相手に何を望むのでしょう。婚活パーティーなどで「安定した収入のある正社員で性格のいい人」を条件に上げる人は少なくありません。でも、望みを満たす相手になかなか巡り会わず、思い描く「普通の結婚」は遠い存在のようです。

正社員の父が基準だった。高望みと思わず婚活出遅れ

広島市のアパレル販売員女性（37）婚活歴3年だが苦戦し、今はお休み中。契約社員で年収250万円。

年収600万円の正社員男性が理想でした。同年代か少し年上で、優しくて、できれば家事も少し手伝ってくれる「普通の人」──。自分の父親が基準で、特に高望みとも思っていませんでした。なのに全く出会えなかった。婚活セミナーで言われたのは「条件を下げて」「50代男性まで視野に入れた方がいい」…。私が考えていた「普通」は「希少物件」でした。その条件の男性はとっくに結婚しているか、婚活中だとしても20代の女性を希望している。男性の年収と女性の若さは等価交換な気がします。

短大卒業後、販売員になりました。立ち仕事で腰が痛いし女性ばかりで人間関係も難しい。接客用のヒール靴でできた足のまめを見て「私、疲れているなー」と思いました。仕事から逃げて「永久就職」したくなりました。それに35歳を前に友人が次々「駆け込み婚」。親からも結婚圧力がかかりましたが、私、完全に出遅れていたんです。

初めて行った婚活パーティーが衝撃だったんですよ。若くてかわいい女性ばかりで、ザ・モテファッション。20代前半の子もいて「こんな早くから婚活しているのか」と驚きました。会場に入って5分で戦意喪失です。男女が出会えるという「相席居酒屋」も若い子ばかり。「アラフォーが来てすみません」って感じで、30分足らずで逃げるように店を出ました。

仕事は中途半端で結婚も遠い。みじめ過ぎますよね。だから気持ちを切り替えることにしました。まずは自

分が自立しないと。

　少し前、派遣の友人が正社員になってすぐ結婚したんです。正社員の男性を探すなら、自分が同じレベルに行くのが近道だと気付きました。まずは簿記などの資格を取って事務職を狙います。40歳までが勝負。生活を安定させてから再度、結婚を考えます。

必死に働きアラフォーに。幸せそうな主婦うらやましい

岡山市の派遣社員女性（39）
非正規で10社近くを転々。
今は実家で病気の母と暮らす。

　出産のリミットも近づきますが、恋人はいません。就職氷河期で正規の職はなく、いつ契約を切られるかわからない緊張の中で働いてきました。家賃を払うのも精いっぱい。留学経験があって英語は得意だし、それなりに仕事を認められた自負はありますが、気付けば40歳手前です。

　これまで結婚を考える余裕もなかったし、婚活市場にはアラフォー女性枠はほとんど残っていないのが現状です。非正規の友人たちもほぼ独身。仕事でも結婚でも「負け組」になっちゃいました。

　どうせなら自分より高スペックの尊敬できる男性がいいけど、高望みなんでしょうね。普通の男性すら今は貴重だし、ちょっと「いいな」と思う人がいても大抵、既婚者ですから。もうほとんど諦めています。

　女で独身でアラフォーで派遣って、肩身が狭いんですよ。特に地方では。近所のおばちゃんに「今何しとるん？

結婚したん？」と根掘り葉掘り聞かれるのが苦痛で。そのたびに「いろいろありまして」と愛想笑いでやり過ごしています。面倒なので最近は回り道して帰っていますよ。

地元の主婦の友人は幸せそうです。私は平凡な人生が嫌でしたが「ただの主婦」と思っていた彼女たちの生き方が今は少しうらやましい。愛する家族があり、妻であり母でもある。自分にしかできない役割がある。どんなに頑張っても派遣の私は換えが利く存在ですから。

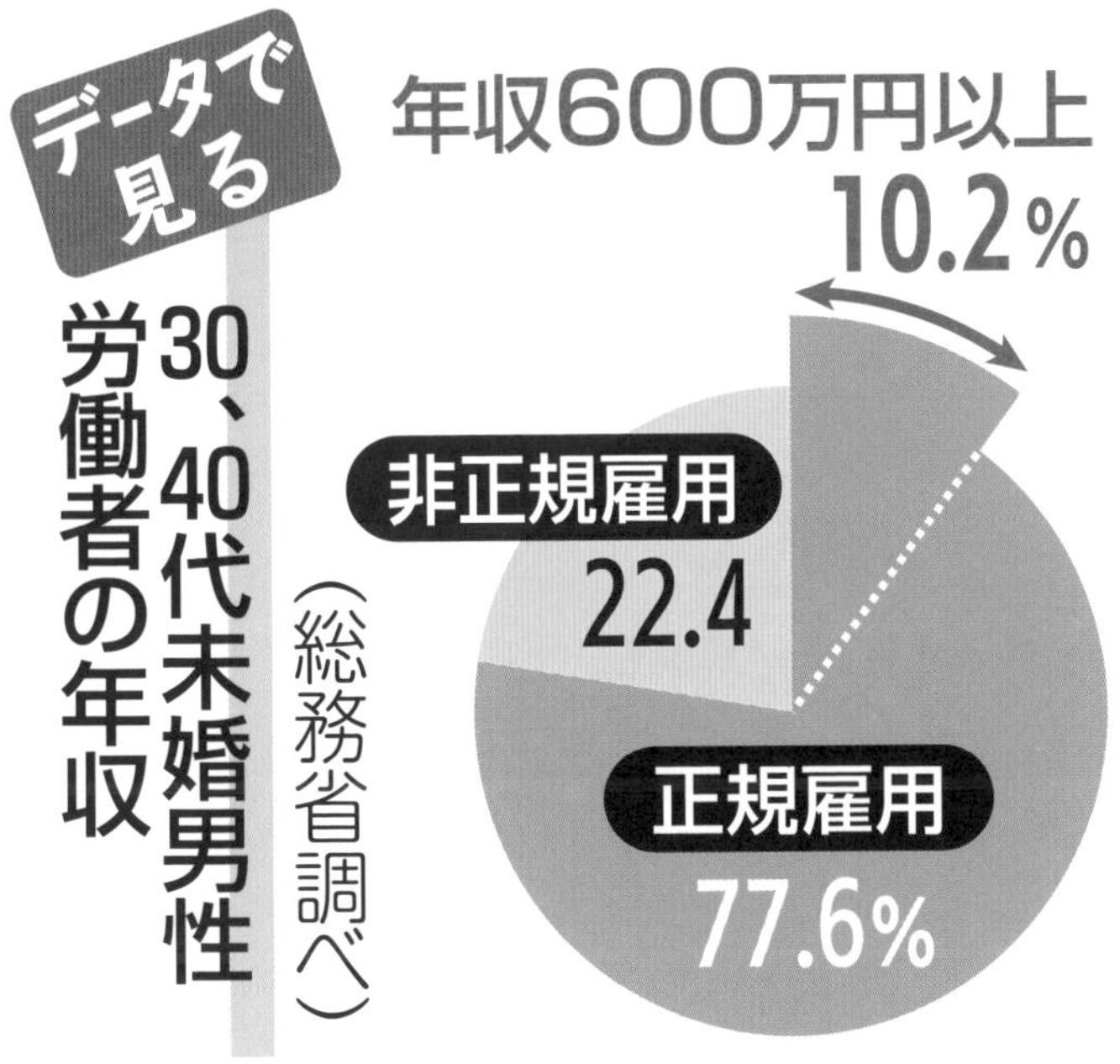

年収600万円以上は1割

女性が結婚相手を決める条件とは―。内閣府の少子化社会対策に関する意識調査（2018年）では、20～40代の未婚女性の96・6％が「経済力」を「重視する」「考慮する」と答えている。トップの「人柄」（99・4％）に続く。

ただ、高収入の相手を求めると希望をかなえられないかもしれない。総務省の就業構造基本調査（17年）によると、30、40代の未婚男性労働者のうち、正規雇用で「年収600万円以上」を稼ぐのは10・2％にとどまる。単純に計算して10人に1人。非正規雇用では「300万円未満」が大半を占めるのが実情だ。

理想の妻　かわいさより「稼ぐ力」

理想の女性は…
年収500万円
正社員
仕事も家事も
一緒に頑張ろう

夫が妻を養うのが当然――。最近はそう思わない男性も増えています。給料が伸びない中、結婚後も「自立」した関係を望む人たちに話を聞きました。

給料が上がらないご時世。専業主婦を養う余裕はありません

中国地方の正社員男性（36）
金融機関に勤め、年収650万円。正社員の女性を希望。

今の時代、男性だって女性に年収を求めてもいいと思うんですよ。結婚を「永久就職」と考える女性がいるように、経済的なリスクを分散したい男もいる。理想の結婚相手は年収500万円の正社員です。給料も上がらないご時世で、専業主婦を養う余裕はありませんから。子育てを考えると世帯年収は1千万円くらいないと不安です。

金融機関には逆風が吹いています。マイナス金利の長期化で収益が落ち込み、キャッシュレス決済の波も押し寄せます。業績が厳しくなるほど職場の雰囲気も暗くなる。みんな神経を張り詰めたような表情をしていて会話も減りました。その上、働き方改革です。仕事は減らないのに残業代ももらえず、士気は上がりません。これまで昼に外食していた同僚も最近は弁当持参で節約しています。

将来性に不安を感じて転職する後輩も多い。正直、今の職場で明るい老後を迎えられるとは思えません。僕が就職した頃は県庁、市役所と並ぶ「3トップ」だったのに大誤算です。

だからこそ結婚相手の雇用の安定は絶対条件。女性だって自分の人生を夫に丸抱えしてもらうのは不安でしょう？　夫がリストラされ、がんになる可能性だってある。1馬力だと途方に暮れますよ。

それに年収が近い人の方が、育った環境や学歴が似ていて価値観も合う気がします。若くてかわいいだけの女性は求めていません。外見は衰えても「稼ぐ力」は年々アップしますから。

僕、料理も家事も得意なんですよ。大学時代から1人暮らしで、和食の煮込み料理やパエリアも作れるし、掃除・洗濯もまめです。女性の家事能力を必要としていません。共働きなら家事も育児も完全分担でいいと思います。

今の20代は、デート代も割り勘が普通ですよね。自分の食事代は自分で払うという考え方には賛成です。30、40代だって自立しないと。男が一家の大黒柱って時代遅れですよ。

家事は何だってできる。親のような昭和の家庭だけは避けたい

東広島市の無職男性（34）
安定した正社員を目指し就活中。理想の結婚は夫婦「イーブン」の関係。

無職の身じゃあ、結婚なんて無理ですよ。昨夏まで建機メーカーの正社員だったけど、ハードな仕事に体が付いていかなくて年収４００万円を諦めました。そして、５歳下の彼女とも別れたんです。好きだったし、幸せにしたかった。でも職なしでは結婚に現実味が持てなかった。それもいけなかったのかなあ。別れ話は彼女からでした。今も思い出すのがつらい。仕事でも人生でも中ぶらりんの自分をどうにかしたいんです。

こんな僕にも理想の家庭像があります。夫婦の役割は半々の「イーブン」にしたい。家事や育児を妻に押し付けたくない。共働きなら、なおさらです。稼ぎを含めて、夫婦でサポートし合って負担が偏らないようにしていく。うちの親のような昭和の家庭だけは避けたいんです。

父は仕事一辺倒で、子どもの頃に遊んでもらった記憶がありません。母は父の世話係みたいだった。そもそも父が家事をしているのを見たことがない。同僚を家に連れてきて、母に酒やつまみを用意させる。親戚がたくさん集まった時の料理担当も母1人。「なんなのよ」って愚痴っていたのが耳に残っています。

僕は結婚したら料理や皿洗い、洗濯、何だってしますよ。玄関で靴を脱ぐくらい当たり前のことだと考えているから。

そのためにも、まず就職です。長く勤められる正社員を目指したい。「最後の就活」と心に決め、この先、後悔しないよう挑戦するしかないです。

データで見る

20～40代未婚男女に聞きました

結婚後、夫婦ともに働こうと思いますか？

（内閣府調べ）

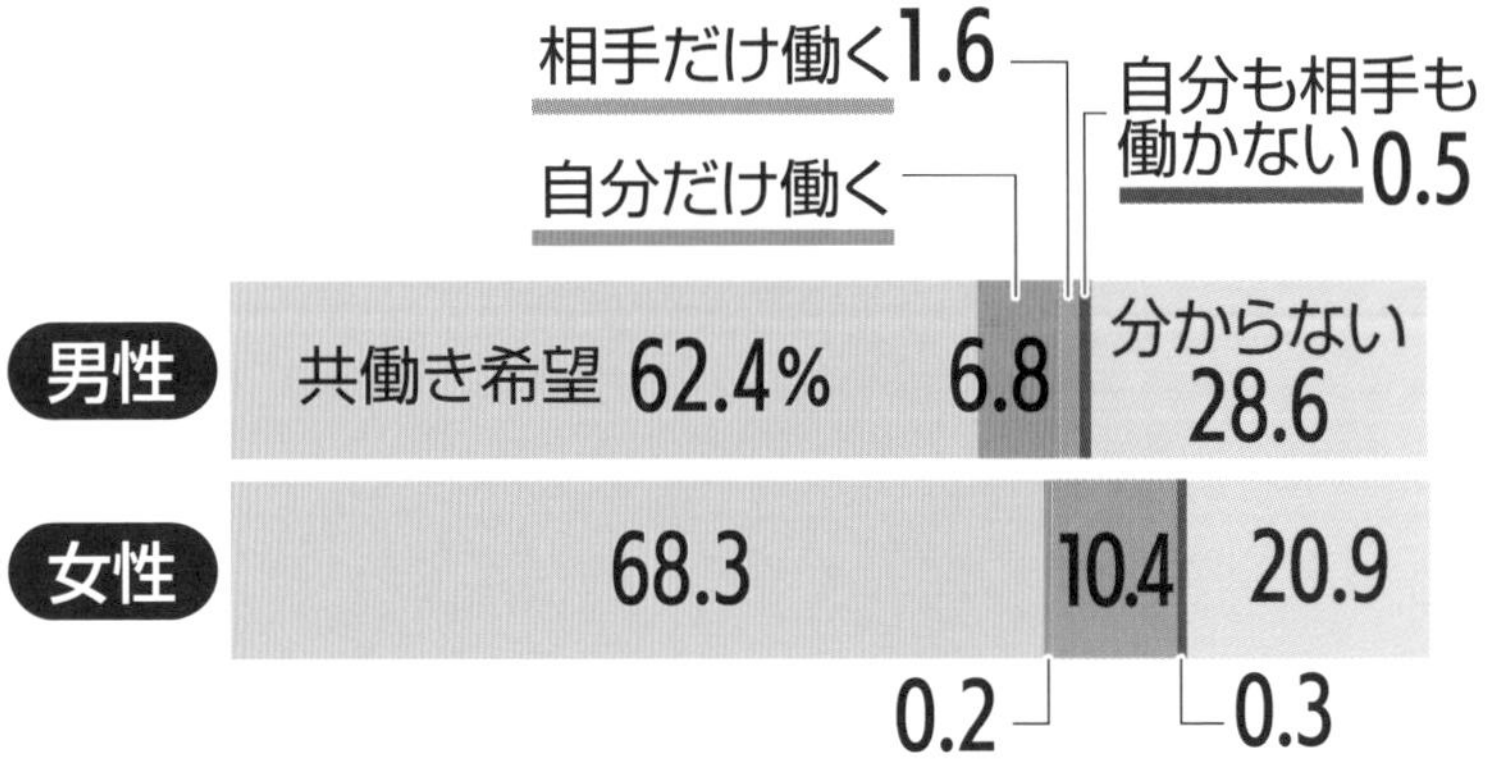

共働き希望6割超す 未婚男女

結婚後は夫婦共働きがいい――。そんな実態が、内閣府の少子化社会対策に関する意識調査（2018年）から浮かんでくる。20～40代の未婚男女のうち、男性の62・4％が「共働き希望」と回答。女性はやや多く68・3％に上る。

一方、「自分だけ働く」と答えた男性は6・8％で、女性は0・2％。「相手だけ働く」は女性が10・4％なのに対し、男性は1・6％にとどまる。

この調査では、回答の理由（複数回答）も聞いている。トップは「経済的に共働きをする必要がある」で男性が64・9％、女性は49・6％。女性の場合、家計を夫婦で支え合うだけではなく、40％余りが「社会とのつながりを持ちたい」「経済的に自立していられるから」と答えている。

共働きでカツカツ　子ども無理

結婚したからといって、経済的な不安が消えるわけではありません。生活が立ちゆかず、出産に消極的になる女性や、子どもの教育費を捻出できるか悩む家庭も少なくありません。

もうすぐクビ。安心して妊娠する権利もない

広島市の派遣社員女性（38）出版関係の会社に勤務。世帯年収は４５０万円に届かない。

３年間の婚活を経て、４カ月前に結婚しました。でも生活が楽になった実感はありません。夫婦２人、生活するので精いっぱい。子どもは諦めないといけないかな、と悩んでいます。

今の職場は時給１２５０円。手取りは月15万円ほどです。夫（35）は正社員ですが「名ばかり」で、収入は私とほぼ同じ。彼も収入の低さを自覚していて、私が働くことを求めています。

なのに、業績不振を理由に私が派遣切りされるんです。２０２０年3月以降は無職。仕事を覚えて人間関係も築いてきたのに。夫からも責められました。「共働き前提の家族計画なのに何で辞めちゃうの？　何か落ち度があったんじゃない？」と、私に原因があると思っている節がある。ポイ捨てされる非正規の現状が分かっておらず、カチンときました。結婚しても雇用問題に振り回されています。

音楽大卒業後、主にフリーランスで映像関係の仕事をしてきました。死ぬほど働いて、ふと結婚を意識したのが35歳。体力の衰えを感じて孤独死が怖くなったんです。お金はないので、女性無料の婚活アプリを利用しました。

複数のアプリに登録して約１００人とやりとりしました。そこで気付いたのが女性の「正社員―派遣―フリー」という序列です。一番人気は正社員。フリーだと地に足が着いていないと思われがちなので、婚活に少しでも有利になればと思って派遣登録しました。

自分なりに努力して手に入れた結婚です。次は30代のうちに出産――と思い描いていたんですが、水の泡です。どのみち子どもができたら「妊娠解雇」されていたと思いますけど。派遣社員には安心して妊娠する権利もないんですよ。

正社員の求人を探しても会社紹介欄には「育休実績なし」。ブラック臭ぷんぷんで、ため息が出ます。妊婦が安心して働ける職場ってどこにあるんですかね。結婚がゴールと思っていたけど、悩みは尽きません。

夫婦そろって非正規。一番の心配は今後の教育費

福山市のパート女性（32）夫（40）は製造業で契約社員。小学生2人を育てる。

うちは非正規夫婦です。世帯年収は約４５０万円。私は医療機関の受付と飲食店のアルバイトを掛け持ちしています。生活に余裕はありません。一番の心配は今後の教育費。子どもが成長して県外の大学に行きたいと言ったらどうしよう。

夫がずっと同じ職場にいられる保証もありません。ここ数年は工場で電気製品を組み立てていますが、リーマン・ショックの時のように減産が決まればラインは閉鎖。家計が破綻します。社員登用制度はあっても20代の男性が優先。夫は現状維持しか望めません。

夫と正社員の間の格差も大きい。同じ仕事をしているのに家賃補助はなく、夜勤手当も3分の1です。若い社員に面倒な仕事を押し付けられても黙って従うしかありません。解雇が怖いので愚痴も言わず、真面目に働いていますよ。

せめてもの息抜きは居酒屋での晩酌とたばこ。ビールで一日のストレスを流し込み、食後の一服でリラックスするそうです。家計の負担にはなりますが、文句は言えません。家族ができるとやはり正規職がいいですね。非正規だと将来設計が難しいですよ。

幸い、田舎なので家賃は安く、実家から野菜がもらえます。ただ車2台にかかる費用は削れない。今は食費・日用品を5万円以内に抑えていますが、子どもが食べ盛りになると難しいでしょうね。習い事もさせたいし進路の選択肢をできる限り用意したい。成人するまでは夫婦とも無職にならないよう願うばかりです。

幸せの物差し　自分次第

尾道市御調の関口さん夫婦
収入より日々の安らぎ

尾道市御調町の山あいの集落に、非正規で働く夫婦が住んでいる。関口道彦さん（38）と小百合さん（37）。昨秋に生まれた娘と猫1匹と暮らす。都会で働いて擦り切れた小百合さんが見つけたのが、道彦さんとの穏やかな生活。豊かな自然に囲まれ、「収入は少なくても日々の時間が宝物」と満ち足りている。

結婚を機に御調町に移住したのは3年半前。きれいな空気と星空が気に入った。空き家バンクに登録し家賃は月約2万円。広々した築50年の民家は隙間風が入るが、居間に設置したまきストーブのおかげで暖かい。時間もゆっくり流れる。「その辺に生えていたドクダミをいった」という手製のお茶で迎えてくれた。風味豊かで香ばしい。

「東京で働いていた頃は疲れ切って、こんなに笑顔でいる自分を想像できなかった」。そう話す小百合さんは広島市出身のフリーランスの裁縫家だ。大学卒業後、舞台衣装を作る東京の会社に正社員として就職した。大好きな洋服に携わる仕事だったが、満員電車に揺られ、深夜まで働いても年収は200万円ほどのワーキングプアだった。

本業だけでは生活できず新聞配達もした。ほとんど家にいないのに家賃を払うために働く毎日。ある朝、配達を終えて帰宅すると、なぜか涙が止まらなくなった。「私何のために働いているんだろう…」

小百合さんは「東京は消費を迫る街」と言う。派手な看板や電車の中づり広告…。「物欲を刺激する仕掛けだらけで、常に何か買わないといけない気がしていた」と振り返る。カードローンに頼ったこともあるが、物に囲まれても幸せを感じられなかった。

でも今は、最低限の「衣食住」がそろえばいいと思える。ぜいたくはできないが、好きなことができて生計も成り立つ。お金を使わなくても楽しいので収入を追い求める必要もない。生活をサイズダウンしたら楽になった。

帰郷して尾道を拠点に独立したのは2012年。自分のペースで好きな洋服を作れるようになり、気持ちに余裕ができたからだろうか。婚活アプリで出会った道彦さんに引かれた。32歳だった。

多くの男性が勤務先と年収をアピールする中、東広島市内の幼稚園で非常勤職員として働く彼の自己紹介は印象的だった。「お金はあまりありませんが、人の資源がある暮らしがしたい」。価値観が似ていて飾らない人柄に好感を持った。

道彦さんの愛称は「クマさん」。ひげと優しい笑顔が園児に人気だ。週1回は広島市内の大学で非常勤講師もする。年収は300万円ほど。広島大で発達心理学を学び、博士課程まで進んだ。奨学金返済もあるが、不安そうな様子はない。「僕にとっては収入より自由に生きられる環境が大切ですから」と、大学の正教員の職も断ってきた。

そんな2人にとって、御調町は心安らぐ場所だ。若者の移住と新しい命の誕生を町の人は喜んでくれた。「赤ちゃん見せて」とやってきて成長を気に掛けてくれる。夫婦で地域行事に参加し、消防団にも入った。ここなら自宅の庭で小さな保育園を開くという道彦さんの夢も実現できそうだ。

食卓には旬の味が並ぶ。近くに生えたタケノコやフキを煮物にしたり、野生の木イチゴを摘んだり。無農薬の食材も新鮮なうちに買えるし、大家さんからもらう野菜はみずみずしい。みそや梅干しも自家製だ。

加えて心強いのが尾道市内にいる友人たち。育児と仕事で小百合さんが忙しい時は、食事を届けてくれる。子どもも服も家具も友人のお下がり。人の縁に恵まれ「助け合えば何とかなる」と楽観的でいられる。

小百合さんは今、会員制交流サイト（ＳＮＳ）で田舎暮らしを発信している。「都会で孤独な生活やネットカフェ住まいを続けるくらいなら、地方移住の選択肢もあるよって伝えたい。貧乏と、精神的に追い詰められた貧困は違いますから」。幸せの物差しは、自分次第なのかもしれない。

夫婦で稼ぐ。育児もするよ

「就活売り手市場」といわれる中、今どきの若者たちはどんな結婚・仕事観を抱いているのだろう。かつての就職氷河期（1993～2004年ごろ）と打って変わり、大学卒業者の就職率は8割に近い。

順調に社会にこぎ出す広島市内の大学4年の男子4人に、それぞれの「人生設計」を座談会で語ってもらった。

ギスギスした職場は嫌
６００万円ためてから結婚

就職

A　６社受けて全部内定が出ました。不動産とかメーカーとか。本命の広島の会社に決めました。

B　８、９社受けて４社から内定をもらいました。狙っていた地元の会社は準備が遅れて諦めていたけど、２０１９年夏に再募集があって。ラッキーでした。

C　５、６社回って、ちょっと違うなと思ったところは途中で辞退しました。内定が出た地元の会社は結構、社員の人が優しくて。仕事はしんどいかもしれんけど、人間関係がギスギスした職場で働きたくないから。あと、中国地方から出たくない。

D　僕は就活ゼロ。ポーランドに行くから。

A、B、C　えー、そうなの？

D　３歳上の彼女がポーランド人なんです。広島に留学中に知り合って。向こうの大学で学びながらインターンシップの形で企業に入ります。いずれは自分の会社を持ちたい。

残業は1日1、2時間で経済的に子は2人まで

結婚

B　ぜひとも結婚したい。これまで女性との縁があまりなくて…。就職先で彼女を探さないと。駄目だったらどうしよう。

C　僕はもうちょっと遊んで結婚は20代後半くらいで。経済力というか、貯蓄が足りんし。

B　やっぱ、いろいろお金がかかるから結婚は27、28歳。就職してすぐは自分のことで精いっぱいだと思う。ざっり300万円ためられたら。

A　僕は600万円ためる。広島で家を買いたいから。結婚するんなら28歳で。30歳を過ぎてローンを組むのはしんどそう。

D　お金よりも先に幸せ。ポーランドの彼女と国際結婚したい。向こうに永住して結婚は2年後かな。うちの親はあまり喜んでいないけど…。

A　最近、結婚は別にせんでもいいかなとも思っていて。例えば、僕が稼いだお金で相手が買い物するのは違う気がする。お互い働いて自分で自分の物を買うんだったらいいけど。

共働き

C　結婚したら、できれば共働きがいい。子育てとかを考えると、１人じゃ絶対にお金が足りないから。２人合わせて８００万円くらい稼げたら。

B　うちの父は会社員で、母はパートで働いています。僕も共働きがいい。経済的な安定にもつながる。両親と同じ条件としたら、世帯収入は５００万～６００万円かな。相手にパートで働いてもらって。

A　夫婦のどっちかが仕事、家ってことじゃないと思う。家事をやれって言われたら、料理は分からないけど洗濯くらいなら。就職先は残業がそんなになさそうだからできるかな。

D　ポーランドはたいてい共働きみたい。仕事は午後３時まで。朝７時から働くらしいけど。残業って聞いたことがないな。

A、B、C　うらやましい！

B　残業は1日に1時間か2時間くらいがいい。午後5時終業で、7時くらいまでに帰る。

A、C、D　むちゃくちゃ早いな！

B　じゃあ、３時間。希望は1、2時間だけど、業務で残業が増えるんならしっかりやります。

C　広島にずっと住んで勤務したい。それと休みは土日がいい。その方が家族との予定も合わせやすいだろうから。

子育て

D 子どもは3人くらい欲しいです。抱っこするのが好きだし、遊びたいし。2人抱えて1人背負う感じで。早く子どもを見たい。パパになりたい。

B 最低2人。少子化も進んでいるから。子どもを育てるのって、人としての義務というか、使命みたいに感じています。

C 親に孫の顔を見せてやりたい。多くて2人かな。経済的にみて。僕は2人きょうだいだけど、それでも親は大変そう。自分の子どもも、できれば大学に行かせたいんです。

A うちは、きょうだい4人。みんな、サッカーとかスポーツをしているから学費以外にもお金がかかる。そう考えたら子どもは2人くらいかな。夫婦2人でずっと過ごすよりも子どもがいた方がもっと楽しそうですよね。

専業主婦にはなりたくない

女子学生たちが描く将来の「幸せモデル」も気になるところ。広島市内の大学に通う女子の仕事や結婚に対する「本音」を聞いてみると――。

自分も稼いだ方が安心

■大学４年

就職先は働きやすさを考えて決めました。週休2日はマスト（絶対条件）。勤務は午前9時から午後5時まで。残業は1時間くらいならいいです。

結婚は20代後半でいいかな。でも、式は挙げたくない。お金がかかるし、何の意味があるのか分かりません。友人もご祝儀を用意するのが大変でしょ。結婚報告はインスタ（写真共有アプリのインスタグラム）ですればいい。

結婚したら絶対、共働きです。料理教室やスポーツジム…。趣味にお金を使いたいから、自分も稼いだ方が安心です。

世帯年収は1千万円が理想。マイホームも車も要りません。でも、貯蓄は必須です。老後の「2千万円問題」は結構、話題になりました。夫もイケメンじゃなくていい。見た目や持ち物よりも一緒にいて楽で、素が出せる人であれば。高望みはしません。こう見えて私たち堅実なんですよ。

超けちな彼氏　冷めそう

■大学4年

私、結婚願望が強くて20代前半でしたいんです。今の彼氏はどうかな。5歳上の金融マンだけど、超けちで冷めそう。デートでも1円単位で割り勘される。月数千円の寮に住んで食事も出るから、かなり貯金しているはずなのに。唯一いいのは、真面目で絶対に浮気しないところ。結婚するなら、そこは重要です。

結婚したら、できれば主婦がいい。パートに出るのはOKだけど。私がフルタイムで働かなくていいくらい夫には稼いでほしい。でも、彼氏のけちっぷりを見ていると不安です。もう少し付き合って収入的に無理そうなら別れます。もっと稼ぐ人を探します。

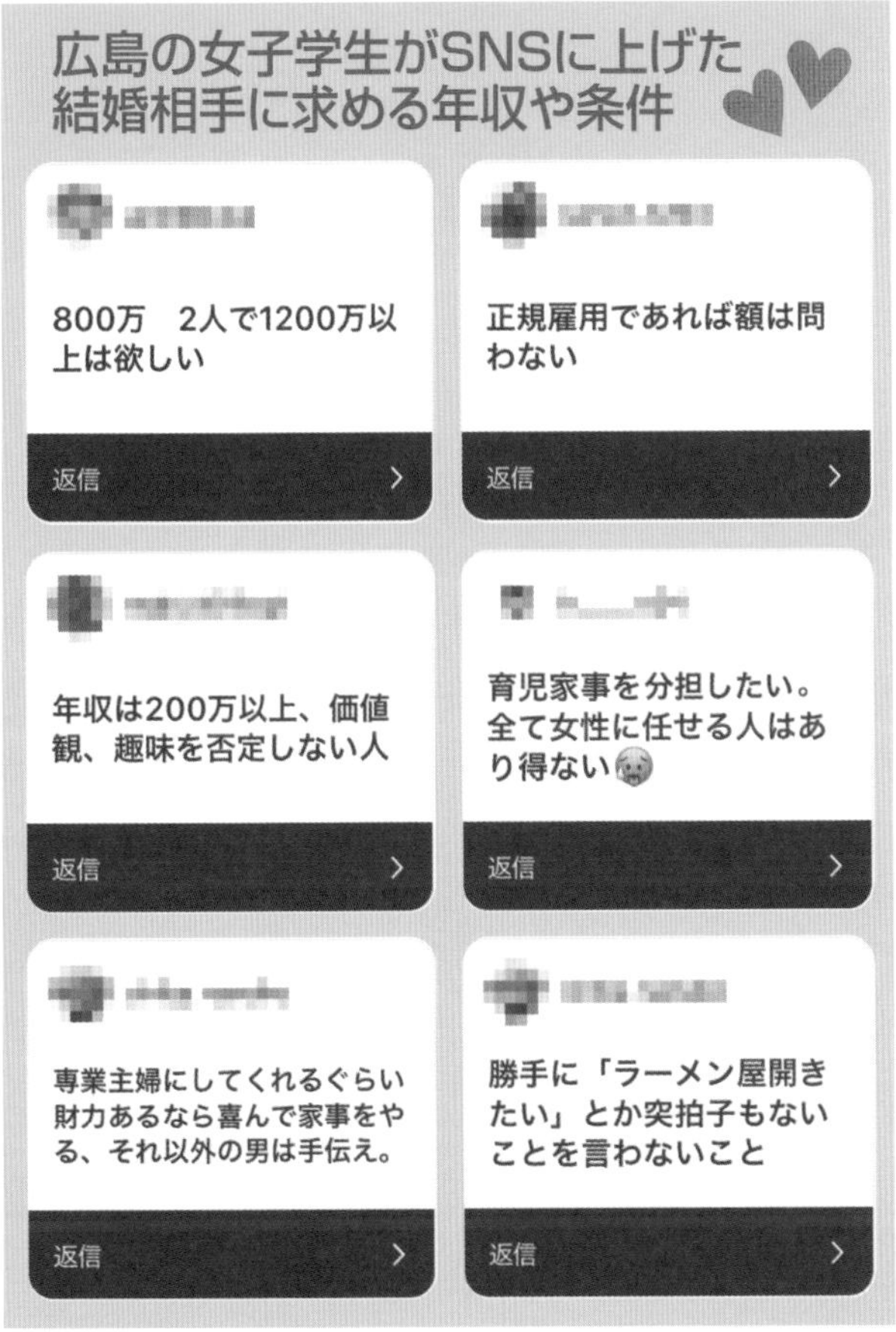
広島の女子学生がSNSに上げた
結婚相手に求める年収や条件
800万　2人で1200万以上は欲しい
返信
正規雇用であれば額は問わない
返信
年収は200万以上、価値観、趣味を否定しない人
返信
育児家事を分担したい。全て女性に任せる人はあり得ない
返信
専業主婦にしてくれるぐらい財力あるなら喜んで家事をやる、それ以外の男は手伝え。
返信
勝手に「ラーメン屋開きたい」とか突拍子もないことを言わないこと
返信

年収200万〜300万円あれば

■大学3年

教職の資格を取っているけど、教師は狭き門だから厳しそう。一般企業への就職も考えています。働き始めは２００万〜３００万円あればいいです。だんだん上がってほしいけど。

結婚は、縁があればって感じ。なんか1人で生きていけそうな気がするんですよね。そもそも彼氏をつくるのが煩わしくて。誕生日とか、年間行事が増えるじゃないですか。でも、友達が結婚し始めると意識が変わるのかな。取り残されたって。

もし結婚するとしたら専業主婦にはなりたくないです。共働きをして、家事は半々。私が料理をしたら夫は皿洗いするみたいに。ただ、絶対にやりたくない日もあるでしょ。体調が悪いとか。「俺がやろう」というひと言が大事。気が付く人がいいです。うちの両親は共働きだけど、家事はほとんどお母さん。結局、そうなるのかな。

自分の子どもを見たい気持ちはあります。でも、欲しいかというと…。スーパーとかで泣きじゃくっている子を見ると、無理って思うんです。やかましいと感じちゃうんで。

ばりキャリより私生活

■大学2年

これから就活です。土日が休みで、残業はなしがいいけど1日1時間ならＯＫかな。女性が働きやすい化粧品や教育関係で、月収は20万円あれば。「ばりキャリ（ばりばり働くキャリア志向）」よりも私生活を優先したい。23歳の姉も「働き過ぎて婚期を逃したくない」と言っています。

結婚は早くしたい。25歳までに。若いママに憧れているので、26、27歳で子どもを産みたいんです。結婚相手は正社員で年収５００万～６００万円。私、高級品やブランド品には興味がありません。お金は生活できる程度でいいです。

でも、完全に主婦になるのは不安。離婚した母が言うんです。「将来、何があるか分からないから働きなさい」って。

私が働く代わりに、夫には家事も育児も半々でお願いしたい。その意味で、今付き合っている2歳上の彼氏は結構、理想的。料理好きで、ガパオライスやオムライスが得意です。「男子飯」だけど、いい夫になりそうです。

低成長の時代　ゆとりや家族優先

今の若者たちの仕事観、結婚観はどのようにして生まれるのか。ワークライフバランスや婚活研究に取り組む広島大大学院の材木《ざいき》和雄教授（62）＝現代社会学＝に聞いた。

今の若者「身の丈でいい」
広島大大学院の材木教授に聞く

無理なく働き、日々の暮らしを充実させていく。多くの若者は、そう考えているようです。高度成長もバブル期も知らない。低成長が当たり前になり、「身の丈に合ったそこそこの生活でいい」と。どんどん稼げる時代ではないことを肌身で感じているのです。

実際、日本の経済は厳しい。人口が減り、労働力不足が深刻化しています。企業は人材の確保に躍起ですが、生き残りを懸けて人件費の抑制も進めている。年収1千万円のような高収入を得られるのはスキルや能力の高い一部の人。多くの働き手は給料がそう伸びていかないのが実情です。

豊かさを経済力で実感しにくい。ならば、稼ぎは少なくても、時間のゆとりや家族と過ごす幸せを優先した方がいい。価値観の物差しを変え、これからのライフスタイルを描こうとしているわけです。

ただ、低成長に生活を合わせるにしても、諦めてほしくないこともあります。あまりにも低い賃金や、非正規雇用での理不尽な待遇を仕方ないと受け入れなくていい。格差の是正に国や企業は本腰を入れて取り組むべきですし、働く側一人一人もしっかり声を上げていくことが大切ではないでしょうか。

気になるのは、未婚の人が増えていることです。そもそも、なぜ家族やパートナー関係を築くのか。結婚するのか。最も小さなコミュニティーですが、かけがえのない安らぎと憩いをもたらしてくれます。と同時に、リアルな人間関係でもある。そのメリットについて若い人にはよく考えてほしい。

家事や育児の分担は1人では経験できません。子どもが成長すれば、学校や地域の行事などのイベントも増えてきます。煩わしそうでも見える風景が変わってくる。それは人としての成長です。いくら会員制交流サイト(SNS)で誰かとつながっても、家族のようなリアルな関係にはなかなか及ばないのではないかと思います

第3章　「女性活躍」が重い

育児に仕事に　何役すれば・・・

残業中
夫の家事・育児分担
なしに「女性活躍」
なんてできない

「女性活躍推進法」が２０１５年に成立して５年。少子化で労働力が不足する中、女性たちには「輝け」と求められるが、差別や偏見はなかなかなくならない。仕事だけでなく、家事も、育児も、介護もと期待され、疲弊する人も少なくない。

第３章は「ジョカツ」に戸惑う職場の声に耳を傾ける。

キャリア
夫選びが左右

「輝け輝けってホタルじゃないんだから。仕事、家事、育児で毎日へとへとですよ」。広島市の営業職女性（37）の表情はさえない。あれもこれもやるのが優れた女とされる今、プレッシャーは大きい。「出産したら仕事は2軍落ち。家ではワンオペ。私、活躍できてるんでしょうか」

ワーママの嘆き
「時短で楽しやがって」と同僚に思われるのがつらい
子育てと仕事の両立は何とかできてもキャリアアップは難しい
結婚・出産の適齢期がキャリア形成の時期と重なる
管理職は長時間労働のイメージ。引き受ける勇気がない
産んで子育てして働いて、その上活躍までしろって無理!
忙し過ぎて、平日は子どもを実家に預けっぱなしで気が引ける
夕食が総菜でも責めないで
（取材を基に作成）

　育休復帰後は、毎日が綱渡りだ。娘が保育園の登園前にごねたり、着せた服が気に入らないとぐずったりして朝はいつもぎりぎり。タクシーを使い、始業に間に合わせることも多い。午後4時までの時短勤務で仕事がこなせるよう、昼休みも自席でコンビニのパンをかじりながら資料を読み、顧客対応をする。

　時短の自分のせいで部署の売り上げが落ちたと言われるのは何としても避けたいし、仕事自体は嫌いじゃない。働く母の背中を見せることは、子どもへの一番のキャリア教育だと思う。だから、頑張るしかない。でも、体調を崩しやすい娘の迎えを求める電話が保育園からあるたび、「また？」

という職場の視線を感じる。

長時間労働＝忠誠心という空気も残る。査定は入社以来最低。夕方以降に集中する会議にも飲み会にも出席できない。疎外感にさらされながら、いつも胸にくすぶる思いがある。「夫がもっと家事と育児を分担してくれたら…」

金融関連の企業に勤める夫（42）は、毎朝7時前に家を出て夜11時に帰る。管理職手前の微妙な時期で「分担」を言い出せない。収入が高い夫への遠慮もある。家事・育児は女の役目という意識は自分にもある。それでも、子どもが産まれる前と変わらない働き方をする夫に「ずるい」と感じてしまう。

何よりしんどいのは、ワーママ（ワーキングマザー）同士を比べられることだ。「残業も出張もできる」と一目置かれている同僚は実家のフルサポート付き。その上、時間の融通がきく仕事の夫がいて、保育園の送迎から食事の用意までしてくれる。ほぼ無制限に働ける彼女を見て「ワーママもやればできるんじゃん」とひとくくりにされるのが悔しい。家庭の事情はそれぞれ違うのに…。

一方で、それだけの環境を整えなければ「女は活躍できない」と突き付けられているようでもある。この前、後輩が言っていた。家事が完璧な「ナギサさん系男子」と結婚したいと。話題になったドラマに出てくるのは、多忙なアラサー独身女性を支える男性の家政夫ナギサさん。「正しい選択ですよ。今の時代、仕事を続けたいなら、家庭にコミットできる夫じゃないと」

キャリア継続のため、「戦略的な夫選び」をした女性もいる。５歳の息子を育てる広島県内の40代公務員は、家庭と仕事の両立に悩む先輩や、退職を選ぶ友人を多く見てきた。「家で戦力になる夫なら私はとっくに管理職」と話す人もいて、結婚するなら家事力がある男性と決めていた。

たどり着いたのが7歳年下の会社員の夫。30代の男性は性的役割分担の意識が薄く、家事・育児に積極的な人が多い。女性がフルタイムで復帰後、夫は迷うことなく育休を取った。得意の家事に加えて料理も猛特訓。今も週末に作り置きしてくれるし、保育園の送迎も半々。残業しても罪悪感がない。

「2人で稼いで家庭を運営するのが当たり前だと思っている。男の変なプライドがないんですよ」。夫は高給ではないが、2人合計なら少し余裕のある生活ができる。仕事に理解を示してくれるのが何よりありがたい。

女性は今、管理職を打診されている。夫も応援してくれるし、引き受けようと思う。ワーママに必要なのは「活躍」という言葉でも数値目標でもない。「頼れる夫ですね」

女性の管理職　少ないまま

長くて険しい　輝く道のり
役割分担の意識　制約

すべての女性が輝く社会づくり――。安倍晋三前首相が高らかにうたい、２０１５年に成立したのが「女性活躍推進法」だ。翌16年４月に全面施行され、大企業に女性管理職などの数値目標の設定を義務付けた。

背景には、人口減に伴う労働力不足がある。女性が結婚・出産後も仕事を辞めることなく、働き手として個性や能力をいかんなく発揮してもらう。推進法が成立してすぐに打ち出された新たな「三本の矢」では、高齢者を含めた「１億総活躍社会」も掲げられた。

女性が働きやすい環境をどう整えるか。その道のりは長く、直面する社会の課題に合わせて法の整備や施策が重ねられてきた。

まず人権の視点から男女差別の解消。礎になったのが１９８６年に施行された男女雇用機会均等法だ。やがて出生率の低下による少子化への手だてが急務になる。05年に次世代育成支援対策推進法が全面施行され、仕事と子育てを両立できる企業の取り組みが求められた。

育休や時短勤務…。女性が働き続けるための制度づくりは確かに進んだ。しかし、キャリアアップできるほどの「活躍」に結び付いていないのが実情だ。

女性管理職の割合は19年で14・８％。米国などが40％を超える中、低水準を脱しきれていない。政府は今夏、20年までに指導的地位に占める女性の割合を少なくとも30％程度とするという目標「２０２０３０《にいまるにいまるさんまる》」を断念し、達成

「女性活躍」をめぐる歩み

1986年4月 ▶ **男女雇用機会均等法が施行**

（人権の視点から男女差別解消）

2003年6月 ▶ 政府が「20年までに指導的地位に女性が占める割合を少なくとも30%程度」とする目標を掲げる　※指導的地位は企業の場合、課長級以上の管理職

05年4月 ▶ **次世代育成支援対策推進法が全面施行**

（少子化に歯止めをかける）

15年8月 ▶ **女性活躍推進法が成立**（全面施行は16年4月）

9月 ▶ 安倍晋三首相（当時）が**新たな「三本の矢」**を表明。「強い経済」「子育て支援」「社会保障」を柱に「1億総活躍社会」を目指すと強調

（人口減で働き手不足が進む）

19年12月 ▶ スイスの世界経済フォーラムが19年版「男女格差報告」を発表。日本は153カ国中121位

20年7月 ▶ 女性管理職の割合について、政府が目指してきた「20年までに30%」を断念。目標の達成を「20年代の可能な限り早い時期」に先送り

を「20年代の可能な限り早い時期」に先送りした。

世界から厳しい評価も突き付けられている。スイスのシンクタンク、世界経済フォーラムの19年版「男女格差報告」で、日本は１５３カ国のうち過去最低の１２１位。理由はやはり、議員や企業の管理職に占める女性の少なさだ。

女性に家事や育児を期待する性別役割分担の意識はいまだ消えない。総務省などの調査によると、１日に家事・育児・介護に充てる時間は16年、共働き世帯の妻が4時間18分なのに対し、夫はわずか39分だった。男性の育休取得率もアップしているものの18年度、企業で６・16％にとどまる。

実際、働き方を制約される女性は少なくない。パートなどの非正規雇用の割合は19年、25～34歳で37・０％、35～44歳で51・６％に及んだ。働く女性が増えたとはいえ、安定した仕事に就けているとは限らない。

正規雇用の女性も悩みを打ち明ける。「育児をしながらキャリアアップできない」。21世紀職業財団（東京）が18年に実施したウェブ調査では、正社員の女性２３００人のうち半数がそう答えている。

共働き世帯の1日

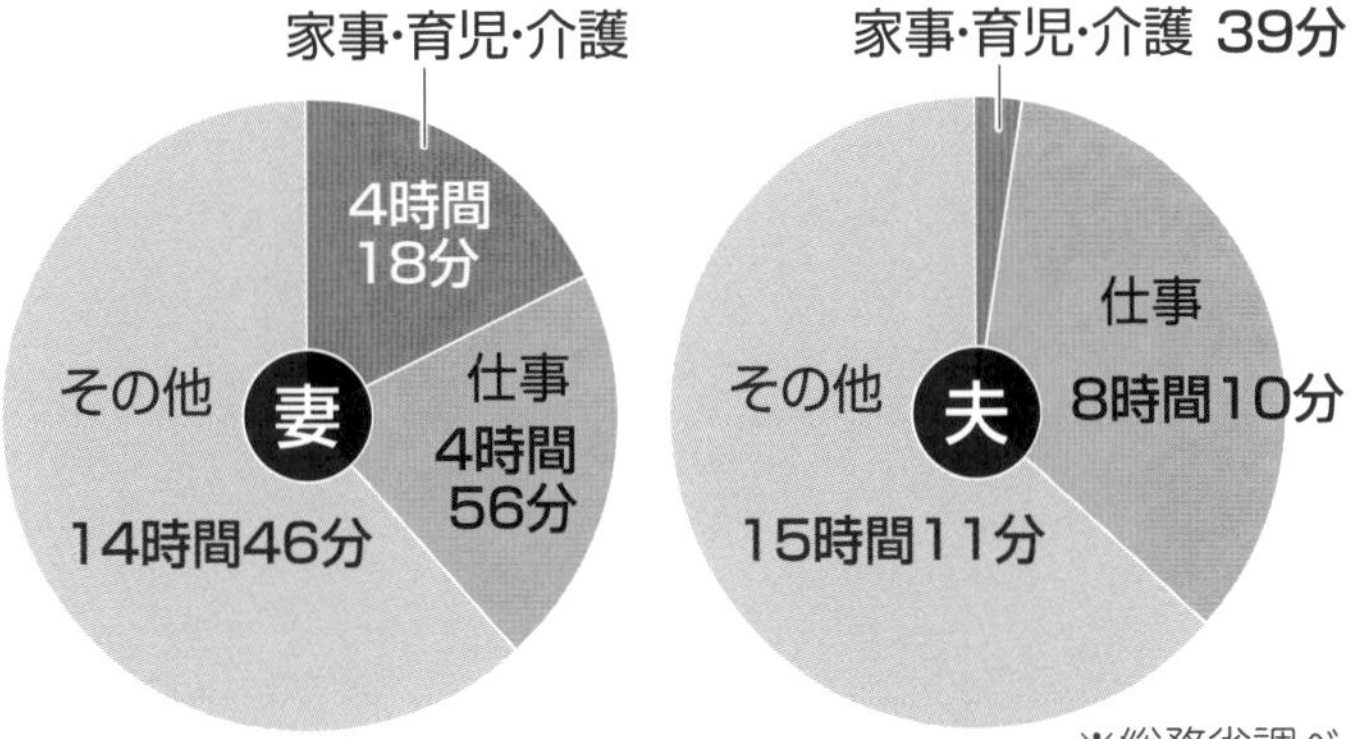

※総務省調べ

育児をしながらキャリアアップできますか?

※正社員女性対象

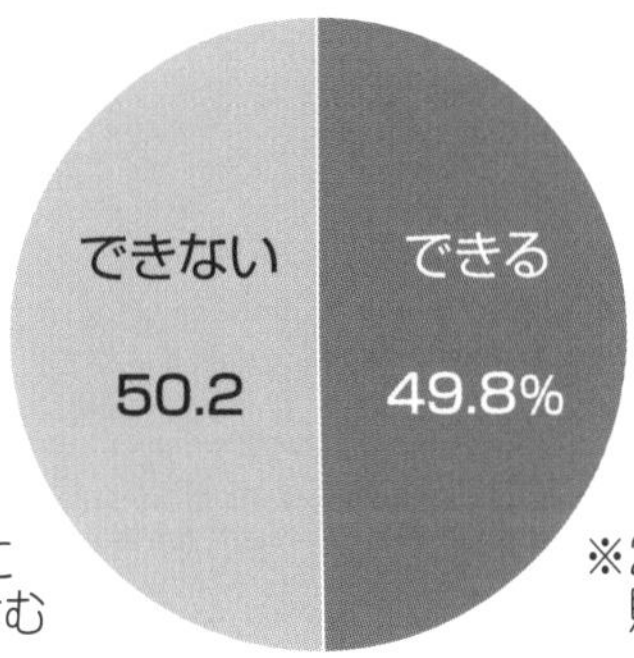

※できる、できないともに「どちらかといえば」を含む

※21世紀職業財団調べ

管理職に占める女性の割合

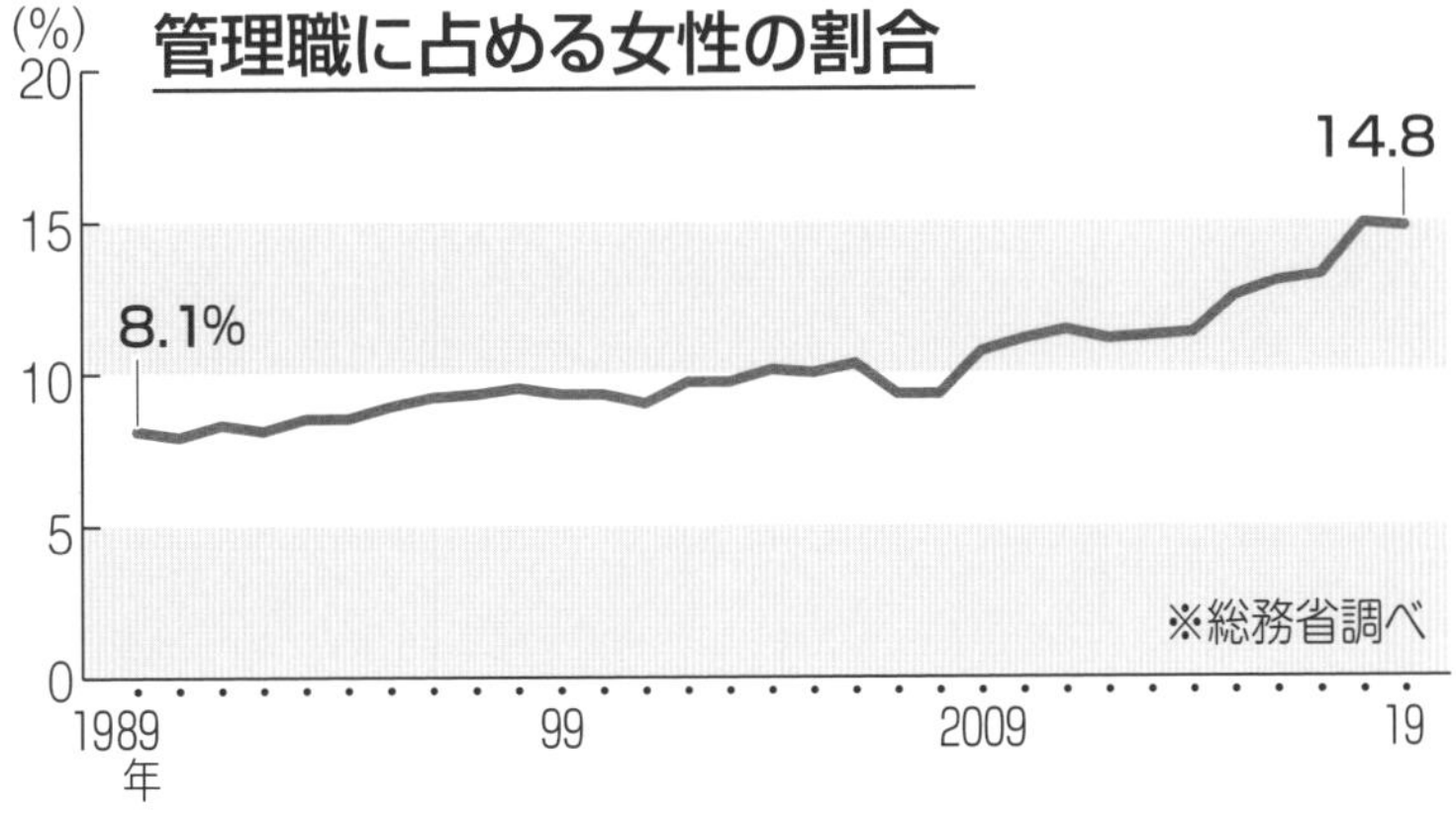

※総務省調べ

「配慮」のつもりが「排除」に

反発に驚く男性上司

どこに「地雷」が埋まっているのか分からない。「リハビリ期間だから、くれぐれも無理せずに。慣らし運転でいいから」。育休明けの女性社員にそう言ったのは失敗だった。広島市の50代の管理職男性は「配慮のつもりだったのに裏目に出ました。勘弁してほしい」と苦笑いする。

女性活躍を推し進める会社からは、子育て中の女性を上手にマネジメントするように言われている。慣れない子育てと仕事の両立は大変だろうと、負担が少ないルーティンワークや補助的な業務を頼んだ。でも、彼女には要らぬおせっかいだったよう。「やりがいを感じられない。私は会社に必要とされていないのかも…」。同僚に漏らした声が耳に入り、驚いた。

忙しそうな同僚を手伝いたくても「大丈夫だから、早く帰った方がいいよ」と言われ、真面目な彼女は「期待されていない。排除されている」と受け止めたらしい。「リハビリ」という言葉も気に触ったようで、「出産を病気か何かのように扱うのはやめてほしい」とムッとされた。

この男性が、自分の行動は「慈悲的性差別」に当たると知ったのはつい最近だ。「配慮したつもりが差別だなんて。子育て中は仕事の負担を軽くするべきだという思い込みがありました」と肩を落とす。負荷が少ない業務ばかりでは成長が滞るし、やる気もそいでしまう―。「確かに正論ですけどね」と、男性はため息をつく。

広島県内の大手企業の人事部には、似たような相談が多く寄せられる。担当者は「すれ違いの原因は意思疎通の不足」とみる。子育て環境と仕事へのスタンスは人それぞれ。「一律に負担を軽くするのではなく、個々の状況を見極めながら本人がどんなキャリア希望を持っているかを共有すべきです」と話す。
中には、子どもや家庭の事情から「重い仕事」は避ける女性もいるから難しい。市内の別の管理職男性（54）は頭を抱える。時短勤務の部下に日帰り出張を打診したら「ハラスメント」と訴えられたのだ。

リハビリ期間だから無理しないで
責任ある仕事はしなくていいから
期待されてないのかな…
育休明けの部下
慈悲的性差別？

他の人は忙しかったし、彼女のキャリアアップも考えてのことだった。それなのに「時短と知っていて、なぜ出張させるのか」と猛反発された。てっきり「はい」と答えるものだと思ったのに。

彼女は「男性には分からない」が口癖で、手間がかかりそうな仕事は「無理です」「できません」と断る。繁忙期でも悪びれず子どもの行事などを理由に有休を取る。下手に注意して休職でもされたら「管理職失格」の烙印《らくいん》を押されそうで怖い。

一方で、女性ばかりちやほやする会社に不信感が募るケースもある。女性登用を進める流通大手で働く岡山市の男性（32）は、20代後半で管理職になった後輩女性の人事に納得がいかない。

実力も経験も不十分。企画書は雑だし、何度も取引先を怒らせて担当を外された。

内示を聞いて「何であいつが？」と部内がざわついた。これまでどんなに優秀な人でも昇進は30代。管理職を見据えて結果を出してきた同僚男性たちの、ポストをさらわれた悔しさは尋常じゃなかった。

社内では数年前から「女性管理職３割」という国の目標に合わせた数値を設定。達成するために女性を「飛び級」させて即席管理職をつくり出していると聞いていた。「『ガラスのハイヒール』ってやつです。強引に昇進させても、女だから得したと見られるだけ。本人も周りも不幸ですよ」

腹は立つが、気付いたこともある。長い間、日本企業では男性を優先的に昇進させてきたし、能力にもばらつきがある。「それを不公平に思う女性の気持ちが少し分かりました。結局は男女関係なく、有能な人を登用すべきですね」

女性には軽い仕事？

男性は子育て中の女性に過剰に配慮する傾向があるようだ。ハラスメントのない職場づくりを推進する「21世紀職業財団」の２０１５年の調査でも、それが浮き彫りになった。

調査は企業10社の管理職８６６人に実施。「育児中の女性に責任の重い仕事をさせないようにしている」という質問に、「している」か「まあしている」と答えた男性管理職は7割以上。一方、女性管理職では5割に満たなかった。

若手社員１３４８人への「出産後にどのような働き方を望んでいるか」という質問には、女性社員の４割近くが「出産前と同じ」を選び、「責任や仕事内容を軽くしたい」を上回った。子育て中の女性たちが必ずしもマミートラック（お母さん向けコース）を望んでいないことが分かる。

◆育児中の女性に責任の重い仕事をさせないようにしていますか

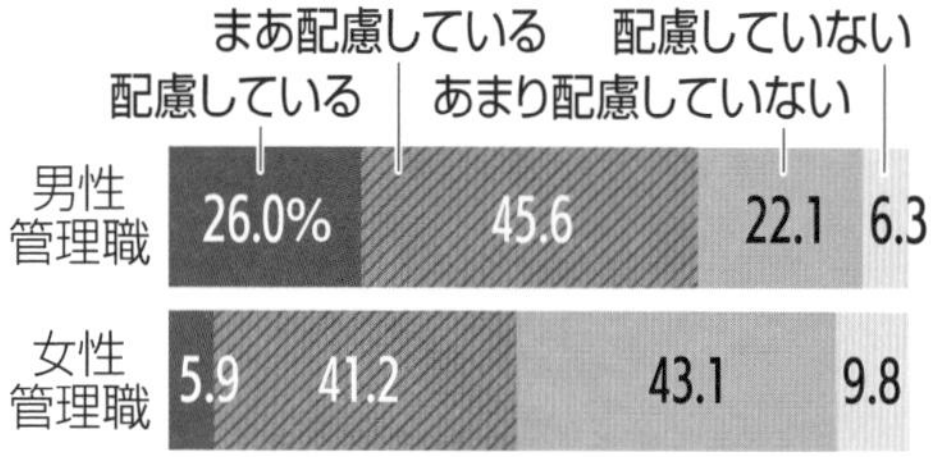

※21世紀職業財団調べ

出世街道
管理職を目指すべきかどうか…
期待が重い…

「ボーイズクラブ」に違和感

独身・ノンママの嘆き

「上に登れば見える景色が違うから」。上司の激励をこのごろプレッシャーに感じる。岡山市の女性（36）が勤める大手メーカーにも数年前から「女性活躍」の風が吹いた。独身で「男並み」に働ける自分が、いつしか「30代女性のエース」扱いされることに戸惑いを隠せない。

営業畑を歩んできた。会社の拠点は東京と大阪だが定期的に転勤もある。20代後半からアジアの支店に4年いて、今回は出身地の岡山で若手の指導を任された。経験を重ねるごとに期待も大きくなっている。

一方で周りでは、育休を取った女性社員が急増し、マミートラック（お母さん向けコース）は定員オーバー気味だ。彼女たちが働きやすい制度が整い、上司や先輩も表面的には理解を示しているが、酒の席では本音が出る。「出産したら家庭優先」「正直使いにくい」。そして必ず「君くらいバリバリやれる女性は貴重だよ」と来る。

残業も出張も苦じゃないし、成果を出して認められるのもうれしい。でも、違和感が消えない。上司の「期待してるぞ」は、男性たちが築いてきた旧来型の組織「ボーイズクラブ」に入れてやるという意味に聞こえる。彼女たちの代わりに組織の歯車になってくれよ、と。その空気に窒息しそうになる。「名誉男性」にはなりたくない。

会社に滅私奉公する働き方は時代遅れだ。旅行が趣味で、プライベートの充実は仕事にも生きるはず。結婚もたまたまタイミングがなかっただけなのに──。

２０１９年、管理職の有力候補だった先輩女性が退職した。やはり独身で優秀。上司たちは残念がったけど彼女はからりと言い放った。「彼らが登ってる山って、本人たちには富士山くらい高いようだけど、実は『サル山』なんだよねー」。彼女には組織が排他的なムラ社会に見えたらしい。

そこに登るのも大変なんだろう。でも彼女は、上を目指すために男たちとけん制し合うことに時間を使うより、「やりたいことがある」と海外留学を選んだ。起業を目指すそうだ。先輩の決断を見て迷っている。仕事の質より上司の顔色をうかがうことが優先する山にこのまま登るか、降りるか──。40代に入る前に結論を出すつもりだ。

子どもがいない既婚女性の悩みも深い。「女性活躍ってワーママ（ワーキングマザー）だけが恩恵を受けているように感じるんです」。中国地方の30代女性は首をかしげる。

部署内では産休に入った同僚や時短勤務者の仕事は、なぜか「同性」がフォローする決まり。男性上司は「女性同士の方が分かり合えるでしょ。協力しながら頑張ってよ」と女をひとくくりに見る。

体調を理由にきちんと引き継ぎをしないまま産休に入る人もいるし、頻繁に早退するワーママもいて、子どもに関することはまるで「聖域」。彼女たちの業務は自分の仕事に上乗せされる形になる。事情は分かるけど、ついイライラして、自分が嫌になる。

会社は「ワーママが輝く企業」という実績を作りたいから彼女たちを辞めさせないよう号令を掛ける。上司も「子どもがいるのによくやってるよね」と持ち上げる。

不満を訴えても「君もいつか出産するんだから。お互いさまだよ」と返されておしまい。自分のような「ノンママ」（産まない選択をした女性）もいることを理解していない。

「ワーママが輝くためにフォローしろっておかしくないですか？　疲弊する他の社員のフォローは誰がしてくれるんでしょう」。未婚率が高くなり、結婚・出産は既定路線ではなくなっている。なのに子どもがいない女性や独身者は仕事で貢献しろ、という圧力は強い。「リフレッシュのために映画を見に行きます」と、堂々と早帰りできる日が来るとは思えない。

◆ケア施策によって職場に生じている課題（複数回答）

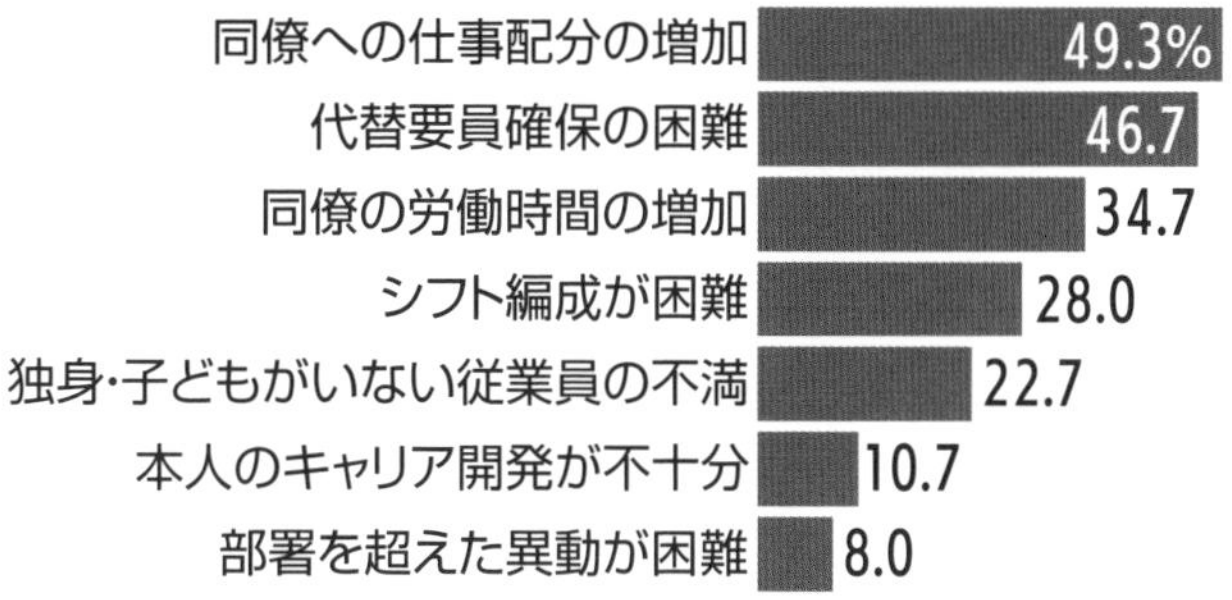

※女性の大活躍推進福岡県会議調べ

ケア施策であつれきも

育休や時短勤務制度など子育て女性に配慮する「ケア施策」充実を目指す企業は多い。ただ、手厚いケアに他の従業員の不公平感が高まることもある。

産官学連携の組織「女性の大活躍推進福岡県会議」は２０１７年、県内の企業を対象に、ケア施策によって生じた職場の課題を調査した。「同僚への仕事配分の増加」と答えた人が約半数で最も多かった。「同僚の労働時間の増加」や「シフト編成が困難」なども上位に入った。「独身・子どもがいない従業員の不満」も２割超で、職場内のあつれきが広がっている。

「ケア」と並行して、より多くの女性が恩恵を感じられる長時間労働の是正などの「フェア施策」の整備を進めることが欠かせないようだ。

今は主婦　同期がまぶしくて

キャリア再構築に苦心

その写真を見ると、広島市西区のパート女性（51）は、複雑な思いにかられる。東京の大手企業に勤めていた頃、同期の女性たちと制服姿で撮ったもの。「隣に写っている彼女は今は管理職。パートの自分と随分差が付いちゃいました」

都内の女子大を卒業後、バブル期に一般職として就職した。５年ほど働いて転勤族の夫と結婚。当時、一般職は男性社員の花嫁要員で、社内には「退社圧力」も残っていた。今は死語になった「永久就職」への憧れもあり、自分はそこそこ「勝ち組」のはずだった。

でも息子たちが大学生になった数年前から心にぽっかり穴があいた。女性活躍ムードが高まり「もう一度社会で輝きたくなった」が職探しは苦戦。「その気になれば働けると錯覚していたけど、現実はスキルなしのただの主婦でした」。やっと見つかったのは短時間の事務仕事。年収は１００万円ほどで、やりがいはあまり感じない。

写真の同期が管理職になったと聞いたのは同じ頃。胸が騒いだ。優秀な彼女は、総合職への転換試験に合格して働き続けていた。結婚は遅かったが子どもにも恵まれた。家庭と両立しながら1千万円以上稼ぐ姿がまぶしい。「相当努力したんでしょうね。今更ですが、私も会社に残っていれば違う人生があったかもしれないなって…」

男性の多くは、結婚や子どもの有無にかかわらず、定年までほぼ仕事中心の人生を歩む。一方で、女性はライフイベントに影響されやすい。女性の再就職を支援する広島市の企業担当者は「子どもができるかどうかは見通せな

いし、将来のキャリアが見えにくいんです」と指摘する。

実際、結婚・出産で一度仕事を辞めた女性が再び「活躍」するのは難しい。ブランクがある人間に、企業は冷たい。そんな中で前に進んでいるのは、「子育て後を見据え、長いスパンで働くことと向き合う人」という。

例えば、結婚で大手企業を退社したある女性は、情報発信に興味があり、子育ての合間にこつこつとメールマガジンの発行を続けた。その経験を買われ、広報担当の正社員として再就職できた。「チャンスをつかむのは、したたかな戦略のある人が多い」と明かす。

そんな「先輩」たちの苦労を感じ取っているのかもしれない。今の20代女性は、初めから「現実的なキャリアプランニング」をしているようだ。

広島市安佐南区の新入社員女性（23）は大学1年の時から授業で「キャリア形成」を学んだ。女性が結婚退職すると「生涯賃金は最大2億円のロス」と教わり、「めっちゃ参考になった」と振り返る。

結婚や出産、家を購入したい時期、子育ての費用を書き出し、働き方をシミュレーション。就職先も「長く働き続けられるかどうか」を基準に選んだ。育休や時短勤務制度は「マスト」（欠かせないもの）。子どもの行事にも出席したいから、有休取得率もチェックする。定年まで夫婦で無理なく働き、そこそこ稼ぐプランを描く。

「私たちの世代は共働き志向。男性に養ってもらおうとは思っていません」と言い切る。終身雇用が盤石でない今、夫の収入に頼るのはリスクでしかない。夫婦が対等でいるためにも経済力は必要だ。

国
女性活躍!!
仕事・育児・家事…
何役すればいいの!?
再就職の門戸を
開いてよ
時短ワーママの
フォローでへとへと…
主婦
独身女性

背景にはバブル世代の母親の生き方への反発もある。女性の50代の母は、高収入の夫をつかまえ、平日に高級ランチを食べることが「女の幸せ」と今でも信じている。に、扶養されるのが前提の価値観なのに、父の収入への不満はくすぶる。

「母のようにはなりたくない」と女性は言う。自分の力で自己実現したいし、自由になるお金も欲しい。「そのためには希望の働き方を後押しして、伴走してくれる社会が理想です。それなしに活躍？それは無理かな」

大学などの高等教育を受けた女性の就業率

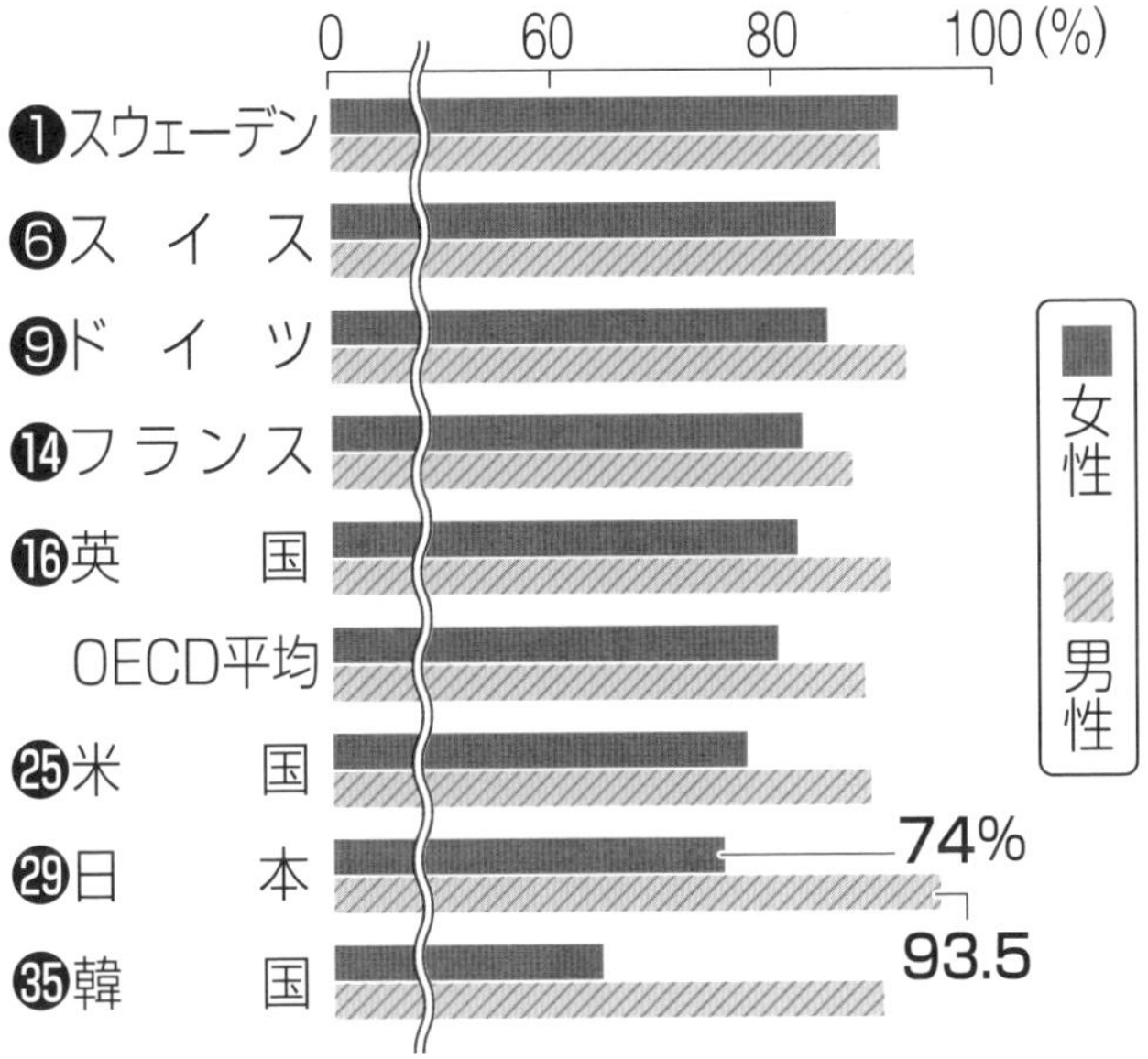

大卒も「女は家庭」の意識

経済協力開発機構（ＯＥＣＤ）の２０１６年のデータによると、大学などの高等教育を受けた女性（25～64歳）の就業率は、日本では74％で、加盟国35カ国中29位と低水準だ。一方、男性の就業率をみると日本は３位（93・５％）で、男女差が大きい。

男女共同参画白書によると、19年度の女子の大学進学率は50・７％で、男子（56・６％）に迫っている。就業率での大差は「男は仕事、女は家庭」という性別役割分担の意識が背景にあるとみられる。

また、転勤や長時間労働が避けられない「日本型雇用」は子育て中の女性の負担が大きく、退職を選ぶケースも多い。公的資金を投じられ高等教育を受けた女性たちが、能力とやる気を生かせる仕事に就けていないのは「経済的損失」との指摘は根強い。

先輩３人に聞く

「女性活躍」のフレーズを聞き、現実との乖離《かいり》にもやもやを募らせる人も少なくない。重さを吹き飛ばし、自分らしく仕事と向き合うにはどうすればいいのだろう。第一線で働く女性３人に聞いた。

多く「打席」に立てば道開く

ビジネスインサイダージャパン統括編集長　浜田敬子さん（54）

私自身もそうですが、もっと働きたい女性は多いと思います。でも仕事と家庭の両立は大変だし、男性が多い職場で「打席」に立つのをちゅうちょする女性は少なくありません。

若い女性たちに私はこう伝えています。「なるべく多く打席に立った方がいいよ」「若いうちにバットを思い切り振って自分の力でどこまでボールが飛ばせるのか試しておいて」と。それが自信につながるから。

私も30代の頃、英語が得意ではないのにニューヨークの長期出張に手を挙げたことがあります。実際に行って、自分の成長を感じました。多少無謀でもいい。目の前のチャンスをいかに1個ずつ自分のものにしていくか。その積み重ねで、思いがけない道が開けることもあります。

企業にお願いしたいのは、女性にチャンスを与えて鍛えてほしいということ。男性と同じ数だけ場数を踏ませてほしい。フォローも大事です。単に、仕事と家事・子育てを両立しやすくするサポートではありません。女性が能力を発揮できるようにするサポートにシフトしていかないと。人口が減り、働き手が不足している今、

はまだ・けいこ　周南市生まれ。1989年、朝日新聞社に入社。「週刊朝日」編集部を経て、2014年に女性初の「AERA」編集長。17年から現職。TBS「サンデーモーニング」のコメンテーターなども務める。

人材を失うのは本当にもったいない。

ただ、男性は女性が能力を発揮することに不安もあるでしょう。ポジションを奪われかねませんから。女性への攻撃は不安の裏返し。これまで男性の方が圧倒的に恵まれ、能力が伴わなくてもポジションにつける〝上げ底〟だったので、「女性活躍」が不安なのは当然です。

それでも、働く女性が増えることで変わっていくはずです。ＡＥＲＡ編集部は３分の２が女性でした。みんな積極的に意見を言い、新しい企画も生まれました。仕事で大事なのはやりがいや達成感。多くの女性に味わってほしいんです。

時間は有限　効率化と分担で

サントリー酒類中国・四国支社営業推進担当部長　夏秋裕子さん（42）

私の人生のテーマは「一生働き続けること」なんです。専業主婦だった母の経済的な不自由さを見てきたので、自立してキャリアも家庭も大切にしたい。そのために必要なのは、仕事の効率化と、「女性が家事育児を担うべきだ」という価値観を変えることです。

２０１９年、マネジャーに昇進し、広島に赴任しました。９歳の息子がいるので、「午後６時に帰る」ことを前提に仕事を組み立てます。部下にも言っていますが、時間は有限。無駄な業務を洗い出して残業をなくし、後輩女性が「これならできそう」と思える選択肢の一つでありたいと思っています。

夫婦間のすり合わせも大切。単身赴任中の夫とは週末婚で、平日の家事育児は私がする代わりに、土日は公

なつあき・ゆうこ　奈良県出身。2002年、サントリーホールディングス入社。営業推進を担い、19年４月から現職。子育て中の女性管理職は支社で初めて。広島市在住。小学３年の息子を育てる。

平にシェアして息抜きをする。女性が家事育児を自分で全て頑張ろうとするから、組織での活躍は難しくなる。分担は必須です。

子どもが卒乳した後、経営学修士（ＭＢＡ）を取るために、３年間大学院に通いました。夫は土日に小さい子を置いて出掛けることに難色を示しましたが、「母親しかできないのは母乳をあげることくらい。他は父親でもできる」と説得しました。

すると「自分がやらなくちゃ」という責任感が芽生え、食事作りや洗濯、子どもの世話を自発的にするようになりました。夫のポテンシャルを引き出すには適切に家事を任せ、感謝を伝えること。これは仕事のマネジメントと似ています。

日本はまだまだ男社会。女性だけに制服を着せ、お茶くみをさせる会社もなくならない。保育園からの電話もＰＴＡ役員も母親が担うケースが多い。「女だから」という扱いに対する日常的な「もやもや」の解決策を考えることから、変化は起きるはずです。

肩書　やりたい仕事のために

広島電鉄総務部長　嶋治美帆子さん（53）

出世というと、女性にはまだ抵抗感があるんじゃないでしょうか。がつがついくのを敬遠する、変な遠慮みたいな。でも、組織という「山」の登り方はそれぞれ。何が何でもポストを狙いたい人もいますが、やりたい仕事をするために肩書があった方がいい、というとらえ方もできます。

私が、入社したのはバブル経済の末期。ＣＭではやった「24時間、戦えますか」の頃です。私も当たり前のよう

しまじ・みほこ　廿日市市生まれ。1990年、広島電鉄入社。経営企画部長、人事部長などを経て、2019年から現職。キャリアコンサルタントの国家資格を取り、セミナー講師としても働く女性を支援している。

に「ガンダムスーツ」を着て働いていました。当時は男性の方が昇進のスピードが速かった。でも周りを見て、キャリアアップすることで、より深く仕事にタッチできると思うようになったんです。

その一方で、「寿退社」する先輩女性もいました。10年、20年後の自分を描くのが難しかったですね。結婚、出産、子育て、さらに介護…。みんな、いろんな事情がある。まじめな人ほど義務感が強く、自分がやらなくちゃって悩んでしまって、視野が狭くなっていくように思います。

大切なのは、視野を広げることです。思い詰めないで誰かに相談する。同僚でも上司でも、パートナーでも社外の人でもいい。周りの人に頼っていいんです。いろんな人の話を聞いて、そんなやり方もあるんだと、一つでも二つでも気付いて、持って帰ってもらって。

私も決して楽ではなかったです。でも、社外で相談できる人や友人がいたのが大きかった。自分の思いを吐き出すっていうか。ためないのが一番。

頑張りたい人は、どう働いていきたいのか、どんな人生を送りたいのか、節目節目に考えてほしい。周りにあるリソース（資源）をしっかり活用すること。「女性活躍」の空気も、うまく、したたかに使えばいい。遠慮は不要です。

第4章　パワハラが怖い

指導か暴言か　世代間でずれ

若手の指導は難しい…
パワハラされたので休職します
残業しません
何が悪いんですか

働く人の心を傷つけるパワーハラスメント。２０２０年６月に施行された「パワハラ防止法」は対策を大企業に義務付けました。

一方で、どんな行為が該当するのかといった定義はあいまい。若手社員は業務上の指導や注意をすぐに「パワハラ」と受け取る――。ジェネレーションギャップの悩みが、現場には渦巻いているようです。

駄目出しすると不機嫌に。「傷ついた」と休職2ヵ月

広島市東区の会社員男性（41）
メーカー勤務。若手社員との接し方に悩む。

2019年、入社3年目の後輩から「パワハラ認定」されました。彼の営業成績が上がらず、上司からサポートするように言われて企画書やプレゼン資料を作る助言をしていました。でもマイペース過ぎるというか、どこか人ごと。言われたことしかしない「指示待ち君」なんです。

その割にプライドだけは高くて。資料に駄目出しすると「何が悪いんですか」「僕はそう思いません」と不機嫌になる。進学校出身らしく、根拠のない自信が過剰に育ってしまった感じで扱いづらい。

プライベート優先の姿勢も徹底しています。業務時間外に連絡が来るのがストレスになると社用スマホの携帯を嫌がり、チームで残業が必要なときも定時に帰ろうとします。「だって働き方改革でしょ」が彼の言い分。そう言われると今どきは怒りにくいです。

会議中もスマホをいじって上の空。我慢できず「やる気ないなら帰れ」と叱ったら本当に帰ったんですよ。次の日から病欠し、1週間後、当てつけのように「うつ病」の診断書を提出してきました。

人事部の聞き取りには、仕事のプレッシャーとパワハラが原因と答えたそうです。「若手にとっては難しい業務を振られ、一生懸命やったのに人格否定されて傷ついた」とも話したとか。これまで散々フォローしたのに責任転嫁されて、傷ついたのは僕らですよ。

今の子は会社が「パワハラ」という言葉に敏感なのをよく知っているから余計たちが悪い。2カ月近く休職し、

その間に旅行にも行ったらしい。仕事は嫌だけど、プライベートでは元気な「新型うつ」でしょうね。今も職場にいますが、どう接したらいいか怖くて腫れ物扱いです。

権利意識が強過ぎるのか、何でも「パワハラ」と拡大解釈する若手が増えています。悩ましいのは、指導とパワハラの線引きが難しいこと。僕らは指導のつもりでも彼らの認識とずれていることもある。こっちが萎縮してしまいます。面倒だから関わりたくないのが本音ですが、人材育成のために厳しく言うべきところは言わないと。若手が育たないと結局、僕らも困りますから。

退職代行使う若手。理不尽なこと言ってないのに…

広島市佐伯区の会社員女性（38）
IT関連企業に勤務。新入社員が突然退職。

2019年末、新人の男性社員が退職代行サービスを使って辞めました。ある日、聞いたこともない会社から電話があり、彼の退職希望を告げられたんです。

理由は「この組織は自分を成長させてくれない。拘束時間が長いし、同じ作業を何度もやり直せと言われる。パワハラだ」。精神バランスが崩れて不眠症になったとの主張でした。彼にとっては「不快なこと＝パワハラ」という認識なんでしょう。

うちはクライアントからウェブ制作やシステム開発を請け負う会社で、繁忙期は残業が続くこともある。でも高圧的な上司はいないし、職場の雰囲気も悪くない。彼には早く一人前になってほしい、成功体験を感じてほしいと思いながら接していました。

だから「ここを改善すればもっとよくなるよ」「もう少し考えてみてね」と親身に指導したつもりです。ミスは注意しましたが、理不尽なことを言ったり過剰な負荷を掛けたりした覚えはありません。

業者に頼んだのは、退職をしつこく引き留める「慰留ハラスメント」をされたからだそうです。絶句しました。入社1年で結論を出すのは早過ぎるよ、という意味だったのに曲解されている。突然コミュニケーションを遮断され、もう打つ手がありません。

SNSに会社の悪口を書き、注意されている最中の会話も「パワハラの証拠」として録音していたようです。ドラマの影響なのか、最近こういう子が多いらしいですね。全て自分が正義と思っている。若い世代の価値観が私たちと全く違うことに戸惑うばかりです。

尊厳傷つける言動は厳禁。部下の耐性も低下している

広島市の40代人事担当男性
サービス業。社員の労務管理に長年携わる。

他社の人事担当者と情報交換すると、上司と部下のジェネレーションギャップに悩む企業が多いですね。若手が成長するためには一定の厳しさは必要。今はそれがパワハラリスクと背中合わせになっています。

行き過ぎた言動で相手の尊厳を傷つけるパワハラは当然あってはならないこと。わが社も相談窓口や自己診

断シートを作って対策に力を入れています。

一方で、上司から何か言われた際の受け取り方が、人によって全く違うのがこの問題の難しさです。第三者が見ても明らかなパワハラという場合もありますが、多くは指導のつもりで出た一言を部下が不快と感じるケース。上司の側は、パワハラをしたと思っていなくても相手が苦痛に感じることがあると知っておくべきです。

部下の「耐性」も低下しています。家や学校で怒られた経験がないまま大人になる若者が増えた。失敗を極度に恐れ、自己防衛する傾向にあります。「多少理不尽なことも我慢するのが社会人」という古い価値観の上司とは相いれません。

組織内の人間関係が希薄になった影響もあります。業務連絡はメールで行い、飲み会も減ってコミュニケーションが取りづらい。信頼関係があれば叱られても「自分に非があった」と素直に反省できますが、逆だと「高圧的に責められた」と感じる。誤解が生じやすい環境です。

パワハラの訴えがあった際は必ず互いの言い分を聞きます。その上で該当する事実が本当にあったか、それが「適切な指導の範囲内」だったかを客観的に確認することが大切。世代間の関係をどう紡いでいくか、大きな課題です。

何が該当？ 線引きあいまい／パワハラ防止法

2020年6月1日施行の「パワハラ防止法」は、まず大企業に対して防止策の実施を義務付けた。従業員300人以下などの中小企業については22年4月から義務化される。

パワハラの6類型と主な判断例

※厚生労働省の指針を基に作成

該当すると考えられる	該当しないと考えられる
身体的な攻撃	
●物を投げつける	●誤ってぶつかる
精神的な攻撃	
●同僚の前で大声で威圧的に繰り返し叱る	●遅刻などを何度も注意されても繰り返す社員を一定程度強く注意
人間関係からの切り離し	
●仕事を外して長時間、別室に隔離	●新規採用者を育成するため短期間、別室で研修
過大な要求	
●業務とは関係のない雑用を強制的にさせる	●育成のため、現状よりも少し高いレベルの業務を任せる
過小な要求	
●気に入らない社員に嫌がらせで仕事を与えない	●能力に応じて一定程度、業務の内容や量を軽減する
個の侵害	
●性的指向や病歴などの機微な個人情報を本人の了解を得ずにばらす	●本人の了解を得て、機微な個人情報を人事担当者に伝え、配慮を促す

企業に求められる防止策は主に、パワハラを起こさない方針の明確化と社員への周知▽相談窓口を定めて柔軟に対応できる体制の整備―などだ。プライバシーを守り、相談したために解雇などの不利益が生じることも禁じる。

では、どんな振る舞いがパワハラになるのか。厚生労働省が指針で示すのは、身体的な攻撃▽精神的な攻撃▽人間関係からの切り離し―など6類型。企業ではないものの、山口県田布施町が固定資産税の徴収ミスを内部告発した職員を1人だけの畳部屋に異動させた問題は、防止法の施行直後に発覚し「パワハラ」と非難を浴びた。

6類型について厚労省はパワハラに「該当する／該当しない」と考えられる例も明示する。しかし、その線引きが「あいまい」との指摘は少なくない。例えば、遅刻など社会的ルールを欠いた言動が見られ、再三注意しても改めない社員を一定程度強く注意するケース。指針は「該当しない」とするが、「一定程度」の度合いは注意する人のさじ加減にかかる。

する側の人間性／信頼関係の欠如起こる理由　民間調査

パワハラが起こる理由は何か。民間のエン・ジャパン（東京）が２０２０年４月末～５月末、働く35歳以上の約２千人に聞いたインターネット調査では、70％の人が「パワハラをする側の人間性の問題」を挙げた。調査は複数回答。「育成・指導方法に対するジェネレーションギャップ」「パワハラの定義のあいまいさ」も40％を超えた。指導か、パワハラか―。世代ごとの認識や捉え方によって判断が分かれかねない。戸惑いを物語るように、別の問いでは、34％の働き手が「自分の行動がパワハラに当たるのではないかと思ったことがある」と答えている。

パワハラは増加傾向にある。厚労省が進めた１万人規模の調査によると、２０１６年度は32・５％の人が過去３年間にパワハラを受けたと回答。企業の８割が相談窓口を設け、管理職への研修なども６割が取り組む一方で、12年度から７・２ポイント増えた。

パワハラが起こる理由　※複数回答

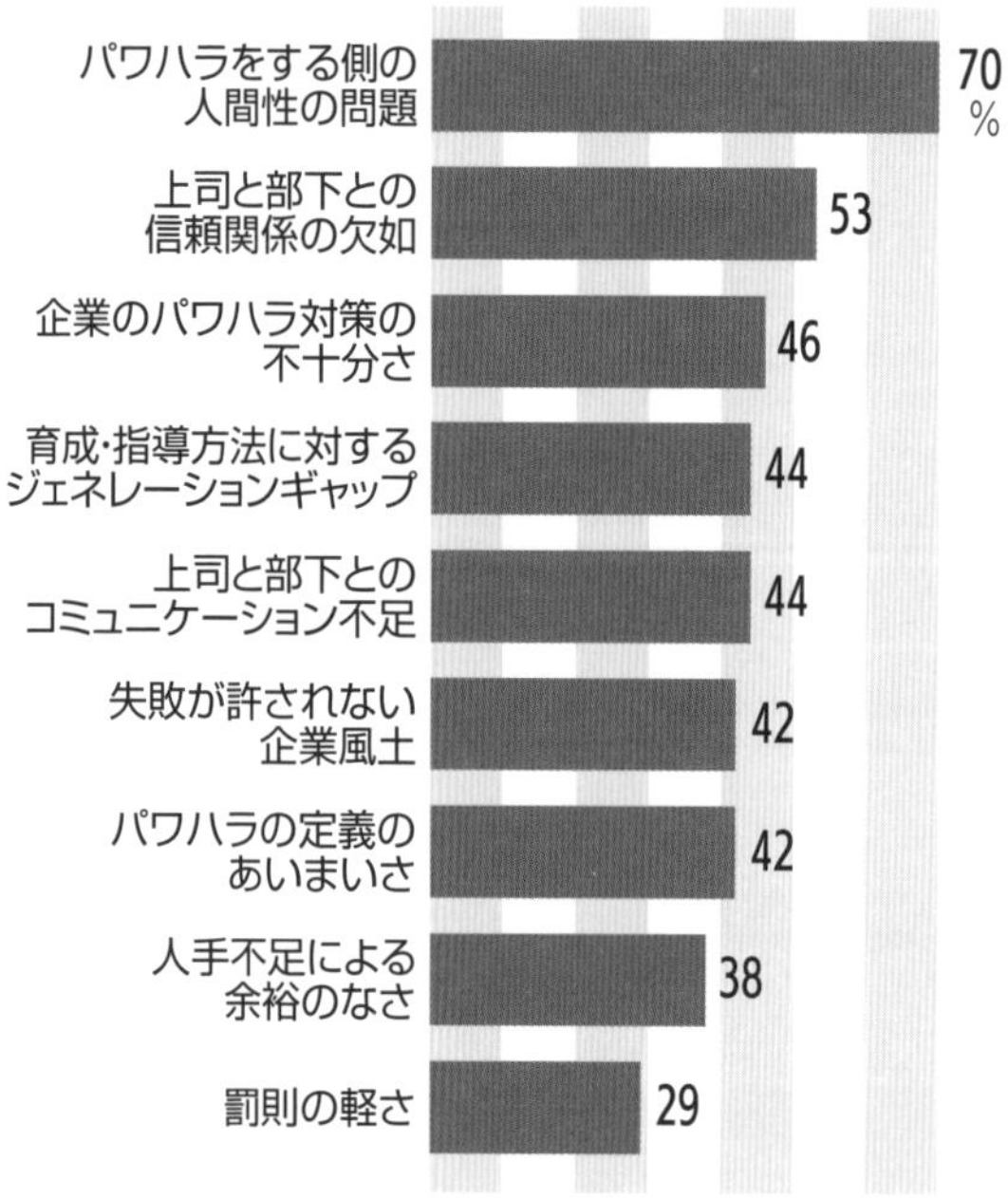

※エン・ジャパンの調査を基に作成

飲み会リスク　上司も部下も

職場の飲み会がハラスメントの温床となっていることに危機感を覚える社員もいます。

それなら、最初から飲み会に参加しないという選択をする人も増えているよう。楽しいはずの酒席に潜むリスクとは――。

女性を避ける「ハラミ会」。男同士の方が気楽

広島市の会社員男性（42）
勤務する金融関連企業は酒席でのハラスメント防止対策も講じる。

「ハラミ会」って知ってますか？　焼き肉じゃないですよ。「ハラスメントを未然に防ぐ会」の略で、簡単に言えば男だけの飲み会。酔って女性にパワハラやセクハラをすると大変なので、最初からリスクを避けるのが目的です。

２０１９年から、社内の男女が同席する飲み会には「管理職も参加する」という決まりができました。何もそこまでしなくても、と思いますが会社は大真面目。それだけハラスメント被害を重く見ているのでしょう。監視されている気分です。

きっかけは、他部署の飲み会でした。若い女性社員が「酔った先輩男性からお酌をして回れと強要された。パワハラで性差別だ」と訴えたんです。お酒が苦手なのに「飲めるように練習しろ」と説教もされたらしい。恋愛関係や容姿をからかわれて不快な思いをしたようです。

うちは典型的な体育会系の会社。古くさいですが僕ら世代の女性は若い頃に率先してお酌をし、管理職の隣で接待する係だった。男性以上の酒豪もいて「飲みまーす」と場を盛り上げていました。時代は変わったと感じる一方で、実は彼女たちも男社会で生きるために「仕方なく」やっていたのかもしれません。

会社が警戒するのも分かります。ハラスメントと認定される行為の種類が増えている。実際「女性に後から何言われるか分からないから男だけで飲む方が気楽」と考えている同僚も多い。「女子会があるんだから男子会

があってもいいじゃん」とか言っています。

でも自己防衛のために異性と関わりを断つのは極端な気もして…。一緒に働く仲間なのに、女性を排除するのはセクハラにならないんでしょうか。

誘ってもスルー。「圧をかけられた」と迷惑がられ

廿日市市の男性（47）情報通信企業の営業職

ここ数年、部下を誘っても「飲み会スルー」されることが増えました。先約があるとか自炊すると言いますが、上司の相手をするのが負担のようです。

少し前にショックなことがあって。ある若手が部長に怒られて落ち込んでいたので、40代の同僚と3人で居酒屋に行きました。ビールを頼んで「気持ちを切り替えて明日から頑張れ！」と気合を入れました。僕らが若い頃の失敗談を披露し「それに比べたら君のミスなんて大したことないよ」と励ますつもりでした。

なのに数日後、彼が「早く帰りたかったのに無理やり飲まされた」と同期に漏らしていることが分かって。貴重な時間をおじさん2人の自慢話に付き合わされた感覚だったようです。「頑張れ」も逆効果で、「圧をかけられた」と受け取られてしまった。

僕らにとって飲み会は親睦を深めるツールです。仕事のノウハウや社内のうわさ話、取引先と上手に付き合

うこつを先輩に教わり、役立ててきた。愚痴って嫌なことを忘れるガス抜きの場でもありました。

それを今、後輩にしたら迷惑がられ、プレッシャーとさえ言われる。下手したら「アルハラ」にもなるから誘いにくい。「飲みニケーション」は過去のものなんでしょうか。

プライベートにズカズカ。メリットなし。

広島市中区の男性（26）サービス業。家飲み派

新型コロナが広がる前まで「職場の連帯感を高める」名目で、週1回ペースで飲み会がありました。お酒は好きだし、僕ら若手は飲み代も安いけど、酒癖が悪い先輩が多くて。「俺らの時代は徹夜で仕事して契約取った」と武勇伝を延々聞かされた揚げ句「若いやつは駄目だ」「根性がない」と矛先がこっちに向かう。仕事の説教はまだしも、休日の過ごし方を否定したり、女性の先輩に「早く結婚しろ」と言ったりする人もいて。無神経に人のプライベートに踏み込んでくるのってハラスメントじゃないですか。

上司が話している間は食事もお預け状態。笑顔で相づちを打って表情筋も疲れる。僕らなりに気を使っているんですよ。朝から働いてへとへとなのに、無駄な時間だなと思ってしまう。コスパを考えると、メリットがない集まりには参加したくないですよ。

コロナ以降は飲み会がなくなり、正直ちょっとせいせいしています。家飲みの方が断然お酒がおいしいですから。

理不尽な要求　心身疲れ果て

典型的なパワハラ上司もまだ存在します。上下関係をかさに、過剰なノルマを強いたり、怒鳴り付けたり。理不尽な言動が部下を傷つけていることには無頓着なようです。

きついノルマに日常的な暴言。人を育てる視点なし

中国地方の会社員男性（32）
元自動車販売職。店長のパワハラに悩んで転職。

数年前までいた職場はとにかくノルマがきつかったんです。華やかな車のショールームで軽やかに営業トークをしているイメージですが、内情はひどくて。50代の店長は県内トップの営業マンで、その分、部下への要求水準も高いんです。

1人が月4台売るというノルマを達成できないと、店長から応接室に呼ばれて2時間立たされる。売る方法を一緒に考えるわけでも助言するわけでもなく、ただ高圧的に責め立てられます。

「使えない」「給料泥棒」「くず」などの暴言は日常的。ヒートすると「何で売れないんだ！　バカ野郎」と怒鳴ったり、ごみ箱を蹴ったりします。

月1日しか休みがないのもしんどかった。当時は50人以上の顧客を1人で担当し、来店があれば休日返上で対応するのが決まり。文字通り「お客さまは神様」なんですよ。5年で買い替える人を3年にしてもらうよう口説くのが営業の仕事ですから。ノルマを達成できなければ休むな、という雰囲気もありました。

定時は10～19時ですが、朝8時には出社して12時間以上働きました。毎日が憂うつで、起きると体が鉛のように重い。玄関をまたぐ一歩が踏み出せないんです。食欲もなくなり10キロ近く痩せました。

当時はその環境が当たり前で、成績が上がらない自分を責めていた。働き方に疑問を持つことは許されず、ある先輩は子どもの学校行事に一度も参加したことがないと嘆いていました。いつも僕らをかばってくれる人だっ

たのに、店長に胸ぐらをつかまれキレられているのを見て、心が折れました。

店長はプレーヤーとしては優秀でしたが、管理職には向いていない。人材育成とかマネジメントという視点がなく「自分ができることがなぜできないんだ」という感覚です。そんな人が出世する会社にも問題がありますよね。実際に離職率も高かった。

幸い、転職した流通大手企業はハラスメントや長時間労働といったコンプライアンス違反に厳しい。ようやく人間らしい生活ができるようになりました。でもパワハラする人ほど昇進する会社もまだまだ多い。自分の身は自分で守るしかないのが現状です。

長時間労働を美化。休日の過ごし方まで干渉された

広島県の30代会社員男性
コンサル業界。上司の言動に不満。

この前まで仕えていたのは時代錯誤な「自称ストイック」上司です。口癖は「限界まで頑張れ、最後の1秒まで手を抜くな」。終電まで残業、休日も休まないことが自慢で、仕事が最優先という考えです。長時間労働を美化し、それを部下にも求めてくる。「過大な要求」にうんざりしていました。

この業界には「アップ・オア・アウト（昇進か退職か）」という合言葉があって、徹底した成果主義。仕事の厳しさは覚悟していました。僕は家庭も大切にしたいので効率的に働き、高額契約も取ってきた。でもまだ足

りないようで…。

気に入らないと、降格をちらつかせて脅すのが定番です。有給を使って妻の出産に立ち会うことも許さない。

「顧客と子ども、どっちが大事なんだ。プロ失格だ」と怒鳴り、机をバンバンたたく姿にはさすがに引きました。

しかも休日まで干渉してくる。電話で何をしていたのか聞かれ、「野球を見ていた」と答えようものなら「この間にもおまえは周りから取り残されている」と説教が始まります。仕事の進捗《しんちょく》を問うメールが、休みに40通来たこともあります。返事が遅れると「まだか」「だから君はダメなんだ」と激怒。外出も家事もままなりません。

過去には「根性をたたき直す」と自己啓発本を毎朝書き写させる「写経」上司もいました。朝礼では若手の部下に決意表明をさせ、それに長々と駄目出し。何の意味があるのか分からず、苦痛でしたね。

パワハラ上司って基本的に理不尽なんですよ。「熱心な指導」と勘違いして自分に酔っている。こんな上司が幅を利かせる組織には将来性を感じません。

過去のパワハラが心の傷に
仕事したいけど
勇気が出ない

今も心に傷　再就職にためらい

職場でパワハラに遭うと、心の傷はなかなか癒えないようです。結婚や出産を機に会社を離れた女性たちの中にも「働きたいけれど、当時を思い出すと一歩が踏み出せない」と立ちすくむ人がいます。

あの張り詰めた空間、再び身を置く勇気はない

中国地方の30代主婦
金融関連の会社員だった頃、パワハラで休職者が相次いだ。

子どもはもうすぐ小学生。ママ友たちが再就職し始めていますが、当時を思い出すと意欲は湧きません。7年前のあの頃は生活の全てを仕事にささげていました。パワハラの標的にならないよう、寝ても覚めてもノルマのことを考えるほど追い詰められていましたから。

私がいた支店は殺伐としていました。支店長は挫折知らずのエリート。部下は出世のための駒で、声は荒らげないけど威圧感がすごい。使えないと判断すれば関連会社や閑職に飛ばしていました。リアル「半沢直樹」の世界です。

ノルマも超シビア。金融商品の販売などで、どれだけ稼いだか問われる。同業他社との激しい競争の中で、相当無理しないと達成できないような数字でした。「過大な要求」ってパワハラですよね。飛び込み営業や電話ローラーなど、みんな必死でした。

各自の達成額が棒グラフで貼り出され、成績が悪いと支店長の前で反省の弁を長時間述べさせられる。追い打ちを掛けるように他の上司が大声で「支店長に迷惑を掛けて申し訳ないと思わんのか」と怒号を飛ばし、書類を投げつける。それでも絶対的な上下関係があり、反論は許されない。そんな攻撃は、見ている方も居たたまれなくなります。

プライベートもほぼない状態でした。週1の飲み会と休日のレクリエーション、職場旅行は強制参加。セクハラは当たり前だったし、真夏に長時間サイクリングさせられて熱中症になったこともあります。

休職する同僚たちを横目に、「全ては給料のため。心を無にして我慢しよう」と自分に言い聞かせていました。ノルマを達成すれば怒られないし、ボーナスも上がる。それだけがモチベーションでした。だから妊娠した時は「ここから逃げられる」と心底ほっとした。支店長の顔色をうかがう日々に疲れ切っていました。

最近は働き方改革で少しは改善されたと聞きます。でも、元の職場は人材難のよう。給料や福利厚生は恵まれているはずなのに転職者が増え、就活でも敬遠されている。パワハラやブラックなイメージが伝わるんですかね。私はこりごり。あの張り詰めた空間に、もう一度身を置く勇気はありません。

10年近くたっても胸が痛い。怒鳴る人には体こわばる

福山市の主婦（39）
先輩女性のパワハラでアパレル企業を退職。

あれから10年近くたちますが、胸が痛みます。社会と関わるのが怖くて、立ち止まっています。

転職先で、パワハラの被害に遭いました。社員の8割が女性で自己主張が強い人ばかり。教育係の女性が特に高圧的で、仕事は1回教えたら覚えて当然という態度でした。慣れない作業を間違えると「何でこんな簡単なことができないの？　使えない」「分からないなら聞きなさいよ」と怒鳴られる。質問すると今度は「自分で考えたら？」。何をしても攻撃される。いつもビクビクしていました。

仕事量も多く、決算期は13時間以上働いて、棚卸しの日は始発電車で出社します。みんな常にピリピリしていて、転職組の私はストレスをぶつけるのに好都合だったのでしょう。業務と関係ない倉庫の掃除や荷物運び

をさせられて、けがもしました。そのうち「仕事が遅い人は残業代をもらう資格はない」と残業も禁止された。夕方になると先輩が隣に立って「早く終わらせて」と監視するんです。

否定され続ける毎日で、泣きながら会社に行っていました。起きた瞬間に涙が出て通勤中も止まらない。手が震えて過呼吸になり「自分は価値のない人間」と思い込むようになりました。１年半後、親に促されて退職。正社員の職を失うのは悔しかったけど、続けていたら確実に心を病んでいたと思います。

今は小学生の子どもが２人います。家計のためにパートに出たい気持ちはありますが、女性ばかりの空間に身を置くと、あの頃がよみがえりそうで。外出先で怒鳴っている人を見ると、条件反射のように体がこわばります。なのに夫は「仕事ってそんなもの」と、理解してくれない。パワハラ被害って経験がない人から見ると、甘えに映るんですかね。それも悲しいです。

性格理解 マネジメントの鍵

指導との線引きが難しいパワハラ。特に上司と部下のコミュニケーションが不足している場合は誤解が生じやすい。職場の世代間ギャップ解消をテーマに講演する広島市のコンサルタント藤岡佳子さん（37）は「社員の思考パターンを知った上でマネジメントする」ことを勧める。どんな考え方なのだろう。

タイプ別 関係性を知る

藤岡さんは、社員のタイプを「外向的―内向的」、「論理的―感覚的」という軸で四つに分類。それぞれ色分けした。「外向的で論理的」は赤。決断力はあるが少々威圧的。結論を急ぐ性格で、管理職に多い。「外向的で感覚的」は黄。フレンドリーで行動力がある。

「内向的で論理的」な青は、物事を現実的に考えて分析することが得意だ。「内向的で感覚的」な緑は、協調性はあるが受け身で、承認欲求が強い傾向がある。最近の若者に最も多いタイプという。

こうした特性を理解し、接し方を変えることが摩擦を生まないこつだ。藤岡さんは「タイプ別に効果的な叱り方、褒め方がある。相手がどう受け取るかは言い方次第です」と強調する。

社内でよく見られる「赤の上司」と「緑の部下」のパターンで考えてみよう。赤上司は成果が上がらない緑部下に対して「なぜこの程度の仕事ができないのだろう」と疑問に思い、攻撃的に追及しがちだ。ナイーブな緑部下は高圧的に責められたと感じて傷つく。「パワハラされた」という被害者意識が生まれやすい。

そんな2人の間に、黄色の社員が「伝達役」として入るとうまくいく。ポジティブな切り替えが得意な黄色は、緑部下に「赤上司は言い方がきついけど悪気はない。本当は君に期待しているんだよ」とフォローする。一方で赤上司には「緑部下は深く考えてしまう性格でアクションを起こすのに時間がかかる。長い目で見守りましょう」と説得。互いの真意をプラスに変換して伝えてくれる。

ちなみに黄色は褒めて伸びるタイプなので、上司は必ず「君のおかげで助かったよ」の一言を添えよう。

自分のタイプを知ることも重要だ。例えば「青上司」は、無意識にグサッとくる一言を発したり尋問口調になったりするのが特徴。「口下手で申し訳ないね」というスタンスで部下への優しい声掛けを意識するといい。

「わたし取説」　上司に伝える

部下の側は「自分はこんな人間」という取扱説明書「わたし取説」を伝えるとトラブルが減る。性格や得手不得手、体調面などを書き出し、上司に渡そう。若い世代は何かを押し付けられると反発しやすい。事情を知ってもらうと、互いの妥協点を見つけることにつながる。

例えば残業。若手が嫌うイメージだが、よく聞いてみると「無意味な残業」をしたくないだけで「繁忙期や月末にはやります」という人も案外多い。「結論が出ない会議やだらだら残業が常態化するのは困る」と伝えれば、業務の仕分けにもつながるかもしれない。

飲み会も「もともと苦手なんですよ」と説明すれば、「自分が誘ったから断られた」と先輩社員に誤解されることがない。

体調面も盛り込むと上司が目配りしやすい。「病気治療中だ」「生理痛や貧血がひどい」「実は不妊治療中」といったデリケートな事情を明かせば、怠けているとは思われない。

子育て中の女性は、家事や育児を優先して残業をできるだけしたくないのか、時々は無理をしてもキャリアを積みたいのか、思いを伝えるといい。望まぬ配慮をされ「仕事を減らされて居場所がなくなった」と感じ、やる気をなくすケースが少なくないからだ。

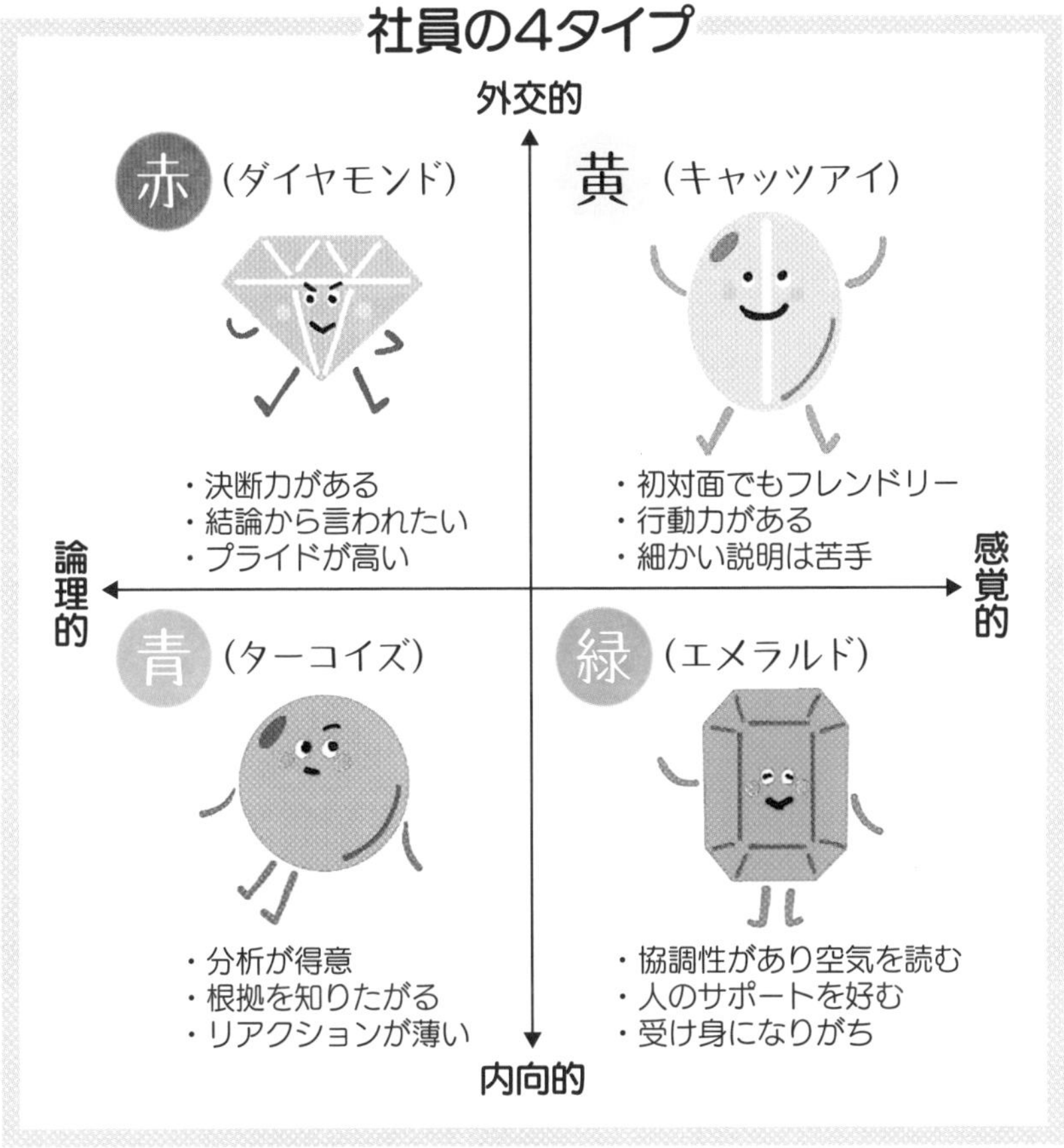

※藤岡さんへの取材を基に作成（キャラクターは藤岡さん提供）

根底に不公平感　なくす仕組みを

広島のコンサル 藤岡佳子さん

「パワハラ防止」に欠かせないのが、上司と部下の信頼関係です。叱責《しっせき》されても、相手の人柄や思考が分かれば「こういう意図なんだな」と理解でき、理不尽と感じることはありません。

上司の側も部下の短所と長所は表裏一体であることを意識しましょう。例えば「仕事が遅い」ことは見方を変えたら「仕事が丁寧」。どちらにフォーカスするかは上司次第です。「使えない」と切り捨てるのは簡単ですが、長所を生かす方法や人員配置を考えるのがマネジメントです。

今後は、上の世代が若者に歩み寄ることを求められるでしょう。組織より個を優先する社員が多数を占める時代が来ます。彼らの価値観を変えるのは難しい。

それなら「柔軟な働き方」ができる仕組みを検討すればいいのではないでしょうか。

働き方に合わせて給与を変えるのです。性別や世代を問わず、バリバリ働きたい人には多く、ゆるく働きたい人にはそれなり―というふうに、20段階くらいに細かく差をつけて給与を支給するのも一案です。

資格を取りたい人や趣味重視の人、若くても親の介護がある人など、仕事への熱量はそれぞれ。日本の多くの企業では、働き方によって給与に大差がないから不公平感が生まれ、ハラスメントの土壌になりやすいのです。待遇が違えば腹も立ちません。互いの心理的負荷が減って、雇用も長続きすると思います。

防止策は

★飲み会では仕事の話禁止
「○○さん、ここを気をつけましょう」
★部下にも「さん」付け注意は丁寧語

働き手の尊厳を傷つけるパワハラを防ぐにはどうすればいいのだろう。自らの経験を踏まえて、防止策や人材育成に関する提言を寄せた読者もいた。

言い方次第で素直に／ゆとりない職場　背景

「恐怖支配ではなく、尊敬される上司になることが部下の成長を促すのではないでしょうか」と投げ掛けるのは呉市のパート女性（38）。結婚前に勤めた医療機関の院長は激高型だった。職員の頭をはたき、誰かの失敗を全員の前でやり玉に挙げる。恥をかかせて反省を促すタイプで職場は萎縮していた。「失敗を引きずりやすい私には、やる気をそぐ行為でしかなかった。一対一で注意されたい人もいるのに育成が下手」と振り返る。

逆にある勤務医から注意されたときは素直に反省できた。一方的に責めるのではなく、ミスの理由を聞き「僕の指示も悪かった」「次はこうしよう」という一言を加える。言い方次第でこうも違うのかと驚いた。「先生に認められるようスキルアップしたい」と前向きになれたという。

「職場のゆとりが失われたことがパワハラの背景」とみるのは岩国市の会社員男性（42）。景気低迷や働き方改革で、効率と成果がシビアに求められる。人間関係もぎすぎすし「後輩育成にじっくり時間をかける余裕がない」と打ち明ける。「働き方そのものを見直さないと、対症療法では根本的な解決になりません」

呉市の製造業男性（43）は仕事選びの大切さを訴える。転職活動では「自分の性格や理想の働き方に合うかどうか」を基準に企業を探した。厳しいノルマや売り上げ目標がある職種は向いていないと自覚している。ノルマはパワハラにつながりやすく、知人の営業マンは高い年収と引き換えに「胃に穴が開きそう」と漏らしていた。

今の仕事は納期はあるがチーム作業が主で、個々の負担は大きくない。給料の高さより家族との時間を大切にしたいという希望がかなない、人間関係も良好だ。「将来的なビジョンが描けない仕事を避けることが自衛にもなる」と強調する。

すぐに実践できそうなアイデアもあった。広島市中区の団体職員男性（52）の職場では、年齢や役職に関係なく「さん」付けで呼び合う。部下を呼び捨てにすると注意するときも命令口調や乱暴な言葉遣いになりがちだが、「さん」と呼び掛けると不思議と丁寧語で冷静に話せるという。
飲み会では「仕事の話は禁止」。趣味やグルメ、芸能ネタで盛り上がる。「楽しい時間を共有し、仕事以外の人間的な魅力を互いに知ることこそがコミュニケーション」と言い切る。「『俺たちの頃は我慢していた』『今の若手はドライで困る』なんて言わず、嫌だったことは自分たちの代で断ち切ればいいのです」

互いの話聞き　原因探ろう

産業カウンセラーの保田さん＝広島市

パワハラ相談では「上司の加害」と考えられるケースだけでなく、「部下が過敏に反応しすぎている」ケースもあるという。広島市中区で中小企業の社員向けの相談室を開く産業カウンセラーの保田厚子さん（48）は、問題解決には、まずパワハラの原因を探ることが大切と強調する。


パワハラは加害者と被害者のどちらもが、原因を自覚していない場合がほとんどです。互いの話を聞いて原因を探り、一つずつ表面化させる作業をします。

例えば、パワハラは「加害者の人間性の問題」と思われがちですが、加害者の私生活のストレスが背景にあるケースが意外と多い。家族関係や金銭問題といった悩み・不安が、職場での怒りを増長させます。

健康問題も一因です。睡眠障害や体の痛み、栄養の偏りによってホルモンバランスが乱れると、感情を制御できない状態になる。体調不良はメンタルに影響し、攻撃的になります。その場合は生活習慣や食生活の改善を促します。

部下の方も「耐性」が低くなっている。過度に打たれ弱かったり、自信がありすぎたり。パワハラ被害を頻繁に訴える人の話を聞くと「あなたにも原因があるよね」と感じることが少なくありません。被害者に発達障害があり、その対応が不適切なために問題がこじれるケースも目立ちます。上司の理解を得るためにも、個別の事情を可能な限り伝えましょう。

見過ごしているパワハラの原因に気付くためには、社外の専門家に相談するとスムーズです。社内で解決しようとすると利害関係や企業文化が邪魔し、本当にパワハラがあったのか判断が難しい。当事者だけでなく周囲の同僚にも必ず聞き取り、客観的な意見を得ることが大切です。

性的少数者への差別・嫌がらせ

LGBTなど性的少数者への差別的な言動や嫌がらせを指す「SOGI《ソジ》ハラスメント（ソジハラ）」をご存じだろうか。ハラスメント対策を大企業に義務付ける「パワハラ防止法」が2020年6月から施行され、新たに注目されている。当事者たちは職場で、どんな悩みを抱えているのだろう。

ソジハラの例
差別的な言動など
同性愛って気持ち悪いね
いじめ・無視・暴力
俺らもゲイと思われたら嫌だから無視しよう
不当な異動や解雇など
男なのに化粧して出社するなら異動だぞ
許可なく暴露する
あの子、レズビアンらしいよ

ソジハラ　当事者の苦悩
追及や暴露　生きづらく

「ゲイなんでしょ?」と同僚たちからしつこく聞かれたことが忘れられない。広島市の30代派遣社員男性は、以前勤めたアパレル店の飲み会で質問攻めに遭った。嘲笑するような言い方が嫌で受け流すと「はっきりしろよ!」と迫られた。デリケートな問題をネタにされ「ただただ恥ずかしくて。仕事に関係ない話で不快だった」と振り返る。

転職先でも、中性的な外見やしぐさをからかわれるなどソジハラ被害に遭った。金融系企業では先輩の女性社員から「オネエぽい」「おかまバーで働いてるとしか思えない」と言われ、恋人の有無や性行為についても聞かれた。

今の職場でも「あいつゲイらしいよ」とうわさされる。勇気を出して、ゲイだとカミングアウトした同僚にも偏見の目で見られていると感じる。「同性の恋人と食事するだけで奇異の目で見られる。自分を偽るのはつらいけど、地方は保守的で生きづらい」。正社員を目指す意欲も失っている。

性的指向・性自認を本人の許可なく他人に知らせる「アウティング」もパワハラにあたる。広島県東部の30代会社員は、戸籍上は男性でも自認は女性のトランスジェンダーであることを勤務先の社長に暴露された。「知らないところで個人情報を言いふらされて戸惑いました」

社長にカミングアウトした次の日には他部署にも伝わっていて驚いた。同時に「間違った伝え方をされていないだろうか」と不安になった。心と体の性が一致しない「性同一性障害」なのに、個人的な嗜好と勘違いされやすい。実際、ある管理職からは「そういう趣味だったんか」と言われた。生まれ持った特性ということを理解してもらえない。

勤め先は９割が男性で「男は男らしく」という意識が根強い。「性別適合手術したら解雇だ」「髪を切れ」といった高圧的な言葉にも傷つく。職場のテレビでＬＧＢＴのニュースが流れるたび「何を言われるか」と体がこわばってしまう。

連合が２０１６年に20〜59歳の労働者を対象に聞いた調査では、ＬＧＢＴの人は８％。12、13人に１人の計算になる。ソジハラを受けたり、見聞きしたりした人は２割で、身近に当事者がいる人では６割に上る。

一方で当事者の働きやすさに配慮する企業も増え始めている。日本たばこ産業（ＪＴ）やＮＴＴは同性パートナーも婚姻関係と同等の福利厚生を利用できる。武田薬品工業やソニーは利用者の性別を問わないトイレを設置。オムロンは生産拠点の制服を男女同じデザインにした。

採用選考でもエントリーシートの性別欄をなくしたり、無理解ゆえの失言がないよう面接官らにマニュアルを配ったりする企業がある。ただ、こうした動きは大手に限られているのが現状だ。当事者からは「中小企業でも環境を整えてほしい」と切実な声が上がる。

予防策　企業が率先を

ＬＧＢＴを研究する広島修道大の河口和也教授（57）＝社会学

ソジハラの背景には、上司の意識の問題がある。とりわけ中高年の男性管理職は、性的少数者への寛容度が低い人が少なくない。当事者を「笑いのネタ」にするテレビ番組などを見て育った人もいる。そんな上司がいる職場では、ハラスメントが温存される。当事者は声を上げにくく、周囲も問題提起がしにくい。

もともとデリケートで表面化しにくい事柄なので、ソジハラが起きる前に企業が率先して動くことが大切だ。社員研修や相談窓口の設置はもちろん、少しの工夫で当事者のストレス軽減につながる。男女別に行う健康診断の日程を社内掲示ではなく個人メール宛ての告知にする、書類の性別欄を極力減らす―などだ。誰もが働きやすい職場は生産性も上がり、労使両方にメリットがある。

アウティングに関しては、カミングアウトされた人が「理解者を増やしたい」という気持ちから第三者に話してしまうことも多い。悪意がなくても個人情報を勝手に知らせるのは暴露。何げない言動が当事者を傷つける可能性があることを職場で共有してほしい。

【ＳＯＧＩ（ソジ）】

ＳＯＧＩとは、好きになる人の性別を示す「性的指向」（Ｓｅｘｕａｌ　Ｏｒｉｅｎｔａｔｉｏｎ）と、自分の性別をどう認識しているかという「性自認」（Ｇｅｎｄｅｒ　Ｉｄｅｎｔｉｔｙ）の頭文字をとった略称。同性愛のレズビアンやゲイ、バイセクシュアル、心と体の性が一致しないトランスジェンダーを指す「ＬＧＢＴ」にとどまらず「性の多様性」を表す言葉として使われている。

客から暴言　店員「怖い」

新型コロナウイルスの感染拡大によってマスクなどの品薄が続く中、広島県内のドラッグストアやコンビニエンスストアの従業員たちが顧客からの理不尽なクレームに悲痛な声を上げている。「カスタマーハラスメント（カスハラ）」ともいえる行為にどう対応すればいいのだろう。感染の不安が拭えないとはいえ、消費者も意識の見直しが求められそうだ。

新型コロナ　「カスハラ」横行

尾道市内のドラッグストアの30代店長男性はため息をつく。「毎朝、気がめいってくるんです」。マスクは国内で感染拡大のニュースが増えた２０２０年2月上旬から品薄に。開店前には20〜30人の客の列ができる。店が開くと客は売り場に走り寄って奪い合う。みるみるなくなり、従業員はひどい言葉を浴びせられる。

「なぜ、わしに売るマスクがないのか。見殺しにする気か」。そう怒鳴りつける高齢者や、品切れのポスターに納得がいかず「けしからん」と怒りをぶつける人もいる。「店員はマスクをしているのに売り場にはないのか」という声も多い。店長の男性は「同僚からの悩み相談が増えた。客も従業員もコロナ疲れですよ」と力なく話す。

広島市内のドラッグストアで働く30代パート女性も「今日は何を言われるのか。不安でストレスがたまります」と打ち明ける。

マスクは1家族1点の購入制限を設けている。守らない客に注意すると「うるさい。倉庫に隠しているマスクを全部出せ」とにらまれた。その客は買ったティッシュやトイレットペーパーを車に積み込み、再び入店して繰り返し購入。「マナーを守らない客にどう注意したらいいのか。本当に怖い」と声を震わせる。

こうした悲鳴は全国で相次ぐ。脅迫まがいの言葉や解決しにくい要求…。カスハラにはっきりとした定義はないが、一線を越えたクレームで消費者の自己中心的な振る舞いとされる。

その矛先はコンビニにも及んでいる。広島市内の50代の本部社員男性によると、商品陳列やレジの袋詰めに対して「素手で触るな」というクレームが届く。店員にアルコール消毒で手の清潔を保ってもらっている。「いくら丁寧に説明しても、お客さんには反論にしか聞こえないようです。どうしたものか…」とこぼす。

接客業を中心に、ツイッター上でつらい胸の内を吐露する店員もいる。「コロナより人が怖い」。そんな声も聞こえてくる。

行き過ぎ　罪に問われる恐れ

クレーム対応に詳しい
福永孝弁護士（48）＝広島市中区

「カスハラ」の法的な定義はまだないですが、客からの「不相当な要求」が該当すると考えられます。新型コロナウイルスのケースでは例えば、店でマスクの品切れの説明を受けたのに、大声で繰り返しマスクを求めると「不相当」になります。

行き過ぎると罪に問われかねません。店の業務をストップさせれば業務妨害罪、言葉の内容次第で侮辱罪の可能性もあります。店員が心を病んで、損害賠償請求されるかもしれない。店側が「お客さま」に遠慮して我慢しているのでしょうが、カスハラは罪になり得ることを知ってほしい。

広島県内の店舗が受けた主なクレーム

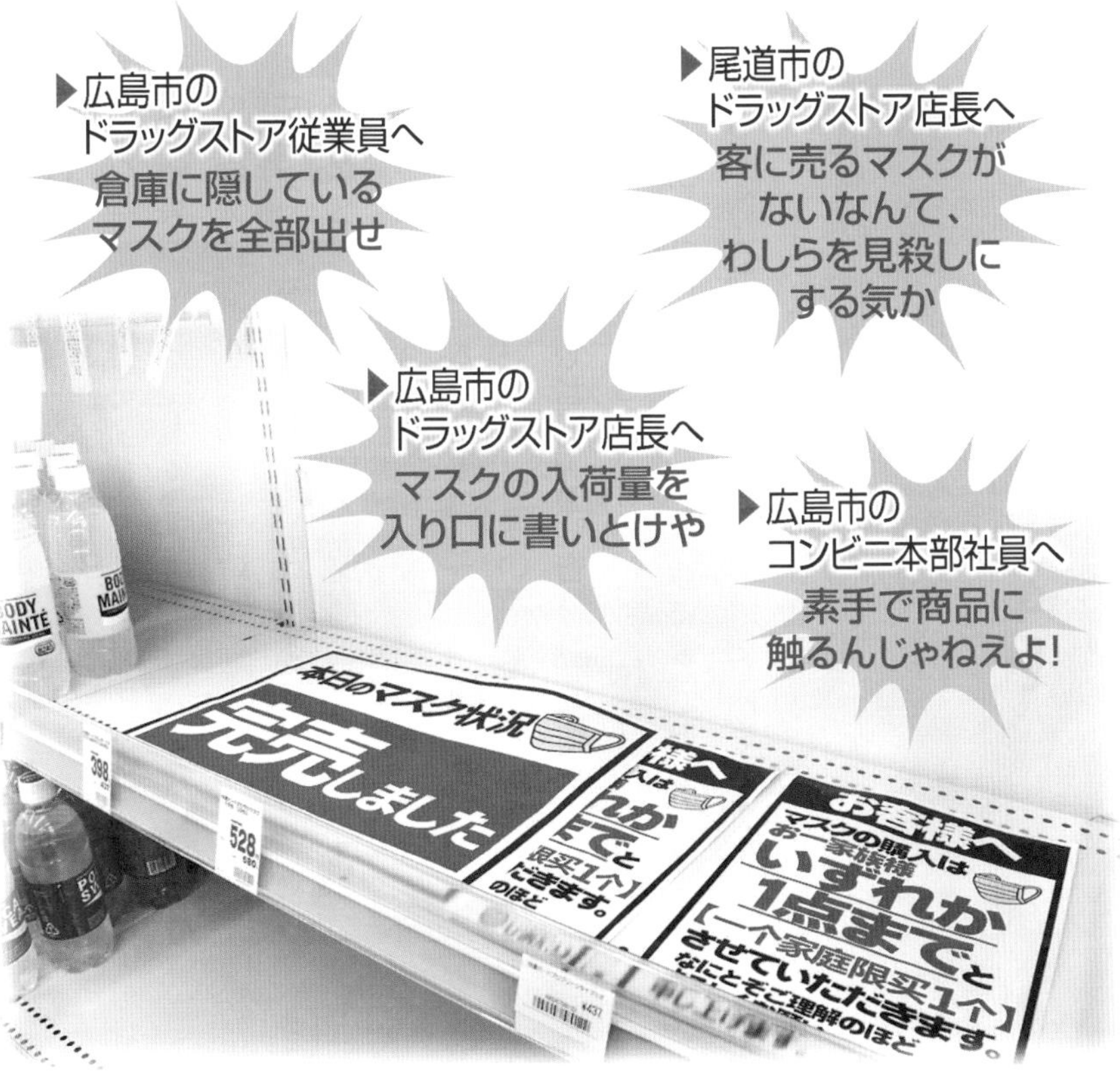
▶広島市の
ドラッグストア従業員へ
倉庫に隠している
マスクを全部出せ
▶尾道市の
ドラッグストア店長へ
客に売るマスクが
ないなんて、
わしらを見殺しに
する気か
▶広島市の
ドラッグストア店長へ
マスクの入荷量を
入り口に書いとけや
▶広島市の
コンビニ本部社員へ
素手で商品に
触るんじゃねえよ!
本日のマスク状況
完売しました
お客様へ
マスクの購入は
お一家族様
いずれか
1点までと
させていただきます。
【一个家庭限买1个】
なにとぞご理解のほど

政府は２０２０年3月15日からマスクの転売禁止に乗りだしました。違反すれば罰則もあります。原則、売り買いは自由ですが、市民の間でのトラブルが政府の規制を招いたのです。売る側も買う側も自由が奪われてしまうのは、将来的にみて望ましいとはいえません。

感染への不安を拭うのは容易ではない。でも、この緊急のときこそ、互いに自制する心掛けが求められるのではないでしょうか。

不安あおらない情報提供を

広島国際大心理学部
西村太志《たかし》准教授（44）＝東広島市

新型コロナウイルス感染症の不安が広がる一方、対策をしようにもマスクなどが不足し、手に入りにくい。切迫感で心の余裕がなくなり「カスハラ」のようなクレームを店員にぶつけているようです。

クレームを攻撃行動と考えると、たいてい「引き金」となる刺激があって不満は爆発します。例えば、自分はマスクを買えないのに、目の前の店員はせきエチケットで着けている。そこで「なぜ私にはないのか」と攻撃的になってしまうのです。

マスクなどが「ない」ことをいかに理解してもらうか。店員が一方的に謝っても共感を得にくい。入荷量や時期がはっきりしないのなら、それを丁寧に伝える。入荷状況が分かれば言葉や掲示で説明する。過度な不安をあおらない情報の出し方が大切です。

買う側も現状をよく見つめてほしいと思います。店員も同じように不安かもしれないし、悪気があってマスクを売らないのではないはずです。相手の気持ちをくみ取ることが、トラブルを防ぐ一歩になります。

第5章　長引くコロナ禍の中で

大企業なのに副業しないと・・・

長引くコロナ禍が、働く人たちを脅かしている。中国地方の解雇や雇い止めは４千人を超えた。収入が大きく減る人、仕事が見つからない人…。
学生たちは就活で苦戦を強いられている。感染の「第３波」が高まる２０２０年の暮れ、街には切実な声が響く。

減収分　想定外の日雇い

団地の入り口でずっしり重いチラシの束を抱え、中国地方の20代男性はため息をついた。印刷物を投函《とうかん》するポスティングは、思った以上の体力仕事だ。「副業」として始めて半年。「安定を求めて大手の正社員になったのに、こんな日が来るなんて思いませんでした」

観光関連の勤め先はコロナ禍で大打撃を受けた。春先からは自宅待機が増え、月収は大きく減って15万円に届かない。頼みのボーナスもゼロ。夏前に会社が副業を解禁してすぐ、日雇い仕事を仲介するアプリに登録した。スキルがいらず気軽に始められそうなのがポスティングだった。

月5日、指定された駅に集まり業者の送迎車に乗り込む。学生や主婦に混じり、会社員風の人もいる。「コロナの影響かな」と想像しながら団地へ。暑い日も寒い日も、チラシの束を抱えて歩き回る。200～300軒に投函して日当は7千円足らず。インクで黒ずみ、荒れた手を見て思う。「副業は自由で柔軟な働き方」と言うけど、好きでやっている人はどれだけいるんだろう。

同僚たちも同じように、副業にいそしんでいる。料理の出前サービス「ウーバーイーツ」の配達員、ファストフード店の店員…。みんな気は進まないものの「給料が足りないなら自分で稼げ、という会社のメッセージだから仕方ない」と諦めている。それにしても自助努力を求めるなんて―。組織は冷徹だ。

いまは事業縮小を検討し、さらなる給料カットや早期退職の募集を進める。大企業でも簡単に「暗転」する時代。「次は景気に左右されない公務員を目指す」と試験勉強を始めた同僚を横目に、気持ちがざわつく。「副業しないと生活できない給料じゃなあ…」。転職が現実味を帯びる。

コロナ禍に振り回されるうち、仕事への向き合い方が変わろうとしている人が増えているようだ。

広島市で写真事務所を営む男性(50)は「収入ゼロ」に直面し、本業とは別の仕事を掛け持ちして暮らす。でもやってみて思うのは、何とか生きていけるということ。「吹っ切れたのは、ある意味、コロナのおかげかも」と苦笑する。

この年の瀬も、手にするのはカメラではなく、配線工事の工具。山陰の建築現場へ10日間ほど赴き、日当1万2千円で働く。思い切ってやってみると、これも楽しい。「こうなると怖いものがなくなって」

5月ごろからカメラの仕事はがくんと減った。「3密」になりがちな結婚式の撮影も、雑誌のイベント取材も。追い打ちをかけるように、妻の勤め先も休業になった。この春、2人の子どもが大学と高校に入学したばかり。収入ゼロは「想定外」だった。

ふと思う。「あの誘いがなかったら、どうなっていたか」。なじみのガソリンスタンドに立ち寄った時のことだ。「仕事がない」と店長に打ち明けると、「うちでバイトしないか?」と誘われ、二つ返事でOKした。もう50歳。「雇ってくれるところなんてないだろう」。諦めかけていた自分にスイッチが入った。

昼間は給油スタッフとして働き、深夜は物流倉庫で荷物の仕分けをした。週末はバイクにまたがって弁当チェーン店の配達も。「トリプル副業」をこなし、いま考え始めている。「一つの仕事にしがみつかない働き方もありなんじゃないか」

カメラの仕事はいまだ回復途上。当面、配線工事の収入を軸にするつもりだ。「ひるまずに、できることをやった方が気持ちもへこまない」。コロナ禍は転機になるかもしれない。

仕事掛け持ち　やむを得ぬ選択

仕事を掛け持ちしてスキルやキャリアを磨き、やりたいことにチャレンジする―。副業といえば、そんな前向きなイメージを持つ人が少なくないだろう。ただ、世はコロナ不況。副業ニーズが高まりを見せる中で、危うい実情も見え隠れする。

それは、人材サービスのエン・ジャパン（東京）が２０２０年７~９月に実施した全国調査からもうかがえる。回答した約６３００人のうち半数が「副業を希望」し、理由（複数回答）は「収入アップ」が断トツの１位。５人に１人は「失業したときの保険」と答えている。

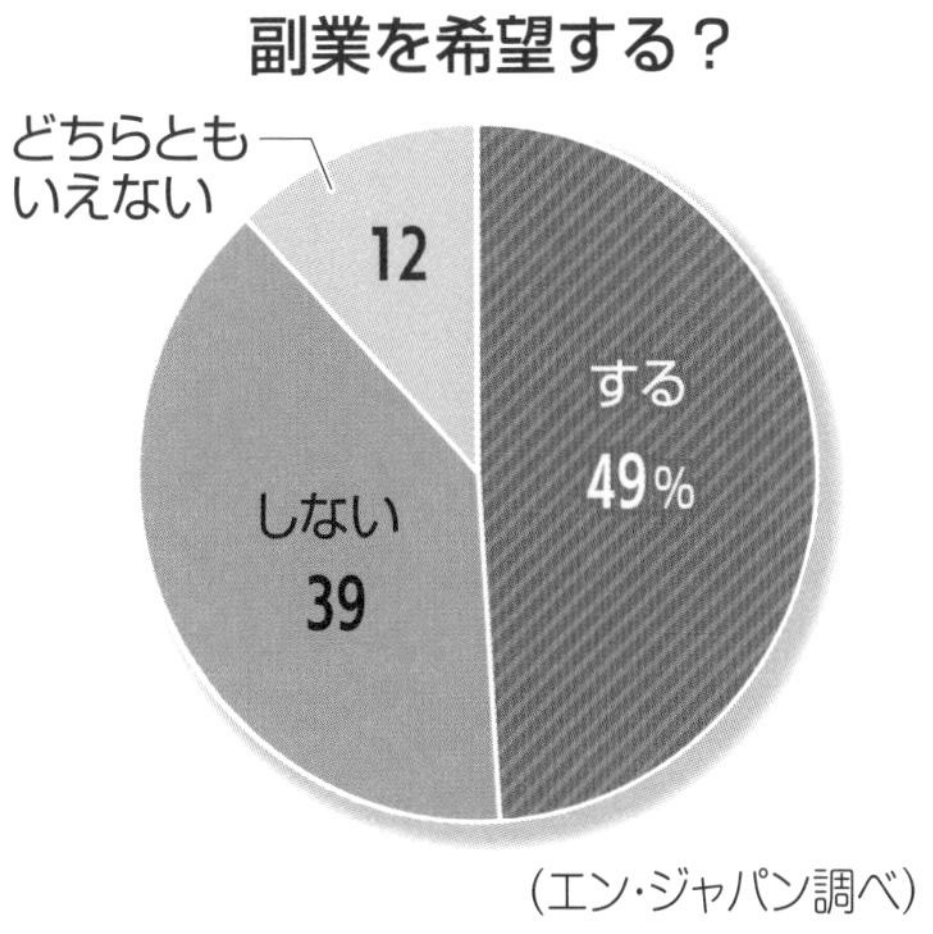

（エン・ジャパン調べ）

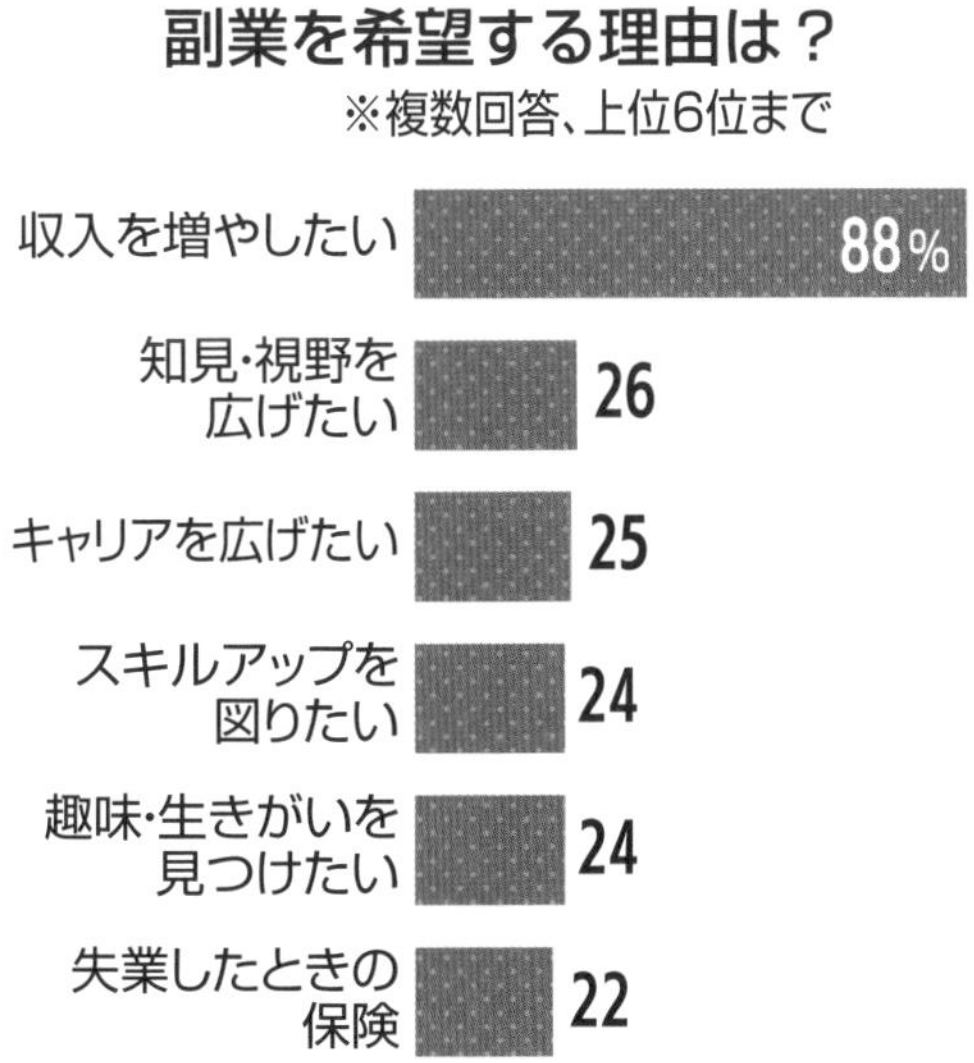

（エン・ジャパン調べ）

長引くコロナ禍で収入と雇用が揺らぐ。苦境をしのぐ手だてとして、副業がいきおいクローズアップされているようだ。

政府も2018年、働き方改革の一環で、副業の推進にかじを切った。それまでの「原則禁止」から「原則容認」に変更。ガイドラインもまとめた。人口が減り、労働力はいっそう限られてくる。一人一人の能力を複数の職場でいかんなく発揮してもらい、経済の成長につなげていく—。そうした自由度の高い働き方として期待がかかる。

中国地方「解禁」27・8%　長時間労働の懸念も

2018年は「副業元年」と呼ばれ、大手メーカーや旅行会社が「解禁」した。ところが、その後の伸びは緩やかで、解禁した企業は全国で30%ほど。中国地方でも東京商工リサーチ広島支社の2020年10月の調査によると27・8%にとどまる。

最も懸念されるのが、副業に伴う長時間労働だ。仕事が増えて休めなくなったり、職場が複数にまたがるためにその人の働き方全体を見通した労務管理が難しくなったりする可能性がある。ほかにも、社員の転職を招かないか、他社に情報や技術が流出しないか、企業のためらいは拭いきれていない。

半面、副業を認めている企業は、人材の確保や社員の人脈の広がりなどをメリットに挙げる。副業という働くスタイルにどう向き合っていけばいいのか。働き手も企業もいまだ模索の中にある。

幸せ度　上がるかが大切

福山市が進める「副業モデル」の共同研究者
法政大大学院の石山恒貴《のぶたか》教授（56）

副業はどんな効果を生むのか。注目したいのが、福山市の取り組みです。民間企業で働く会社員たちに副業として、市の「戦略推進マネージャー（※）」を担ってもらっている。採用された人は、本業ではできない経験を積めてキャリアの形成にもつながる。市にとっては外部の発想やノウハウを施策に組み込めます。市職員だけでやり切ろうとする「自前主義」の打破です。

一方で、コロナ不況に促される副業はどうでしょう。ダウンした収入を補うのも副業のありようですが、ネガティブな働き方だと思います。過重労働にもなりかねません。

仕事を掛け持つのなら、無理なくできるかどうかが大切です。モチベーションや幸せ度がどれだけ上がるか。その結果として、企業や組織の業績アップも期待できるのです。

そもそも副業は、働く上での選択肢を広げるものです。何が何でも、誰もがしなければということではありません。やりたい人がやる。副業したいときにできる。選べる環境が整っているかどうかで、働きやすさが変わってきます。

得てして、副業は限られた人の働き方に思われがちです。能力やスキルがないとできない、と。そうではなく、もっと広い視点で見つめてほしい。働きながらボランティア活動をしたり社会人大学で学んだり。その一歩先にあるのです。別の企業と雇用契約を結ぶだけではない。ライターや講座の講師…。フリーランスを条件に副業を解禁している企業もあります。

※ 2018年度、民間企業に勤務する社員を対象に兼業・副業限定で、市の人口減少対策を立案する人材として公募した首都圏などの男女5人を採用。市役所で月4日ほど働き、2年間活動した。20年度も新たな人材を採用している。

ただ、副業を解禁するというのは、実はおかしな話です。就業時間外は基本的に何をしてもいい。企業が社員を縛り、社員は企業に尽くす慣習からそろそろ抜け出さないと。社会貢献したいなど、若い世代の価値観も多様化しています。

コロナ禍でテレワークが広がりました。いつ、どこでも働ける。うまく組み合わせると副業もしやすくなるはずです。企業もコミュニティー。いくつかの職場に関わることで、人生もより豊かになるかもしれません。

求人誌ペラペラ「女性不況」

新型コロナ対策
実施中
正社員どころか
「非正規」の仕事もない
求人専門誌
WORK
ペラ
ペラ
薄い求人誌

無職続く日々に焦り

こんなに薄っぺらい求人誌は初めて見る。近所のコンビニで、広島市の無職女性（39）はぼうぜんとした。ラックに並ぶ数種類はどれも、以前の10分の1ほどの厚みしかない。しかも募集は、運送業や現場作業員など男性向けばかり。「仕事が見つかる気がしない。女って損だな」。この「女性不況」の波は、かつてなく大きいと思う。

２０２０年春、1年勤めた映像関係の会社から派遣切りされた。あまりにもあっさりと職を失うのだと、力が抜けた。ハローワークに行くと、自分と同じような女性たちがさまよう。すれ違いざまに肩がぶつかる「3密状態」。暗い表情の人たちに混じって求人票を探す。

　そろそろ子どもが欲しいなと、２０１９年に結婚したばかり。でも、それどころじゃない。旅客業の夫もコロナ禍でボーナスが減額され、生活はカツカツだ。預金は１００万円もない。残高がどんどん減っていくのが怖い。「共働きの約束」を守るため「早く職を探さないといけないのに」と焦りばかりが募る。

　経験を生かせる映像・イベント関連の求人は壊滅的だ。ほかに目を向けても「35歳未満限定」が多く、年齢制限で引っかかる。条件のいい求人がたまに出ても、翌日にはもうない。応募が殺到し、面接待ちだけで1週間以上かかると言われた会社もあった。女同士で、少ないパイを奪い合っているみたいで嫌になる。

「就職氷河期世代で女。私たち、ずっとつまずき続けるのかな」と女性は悔しそうに言う。15年以上も非正規で働き、雇用の調整弁として都合良く使われてきた。でも今回ほど無職の期間が長引いたことはない。「結婚したのに、将来どころか来年も描けない。30代で妊娠する目標は、もう諦めました」

　働きたいと願う女性たちに立ちはだかるコロナ禍の壁は厚い。中には、社会とのつながりを断たれ、孤独にさらされるケースもある。

　広島市の50代女性は２０２０年3月末に派遣切りに遭ってから、「出勤」という日課がなくなった。

　とりわけ朝はつらい。せわしく通勤する人を見るたび、胸がぎゅっと締め付けられる。「このまま、私だけ社会から取り残されるんじゃないかって」。ぽつんと家で過ごす毎日は、働き通しだったこれまでの日々と違い過ぎて、どうしたらいいのか分からない。

　10年前に離婚し、フルタイムの派遣社員として勤務。一人っ子の長女が夢見ていた東京の大学進学もかなえた。「寂しくても職場に行くと元気が出るんです」。懸命に仕事をこなし、休憩や終業後は同僚と世間話が弾む。そんな「ささやかな楽しみ」もコロナに奪われた。

　メーカーの下請け会社が派遣切りした理由は、コロナ禍による減産。「あしたから来なくていい」。その一言で、部品の出荷などをしていた十数人の同僚たちと一斉に切られた。

親しくする派遣会社も冷たかった。提案される再就職先は、朝から晩まで荷物を運ぶような重労働ばかり。「私の体力じゃ、とても無理」。引き受けられず、無職が続いた。２０２０年９月末で派遣会社との契約も一方的に打ち切られ、担当者にこう言い放たれた。「紹介した仕事を断るあなたが悪いんです」

収入を失ってからは預金を切り崩す日々が続く。昼間に部屋で一人、スマホの画面に向かって求人を探しながら女性は思う。「私、要らないって、選別されたんでしょうか。普通に働きたいだけなのに」

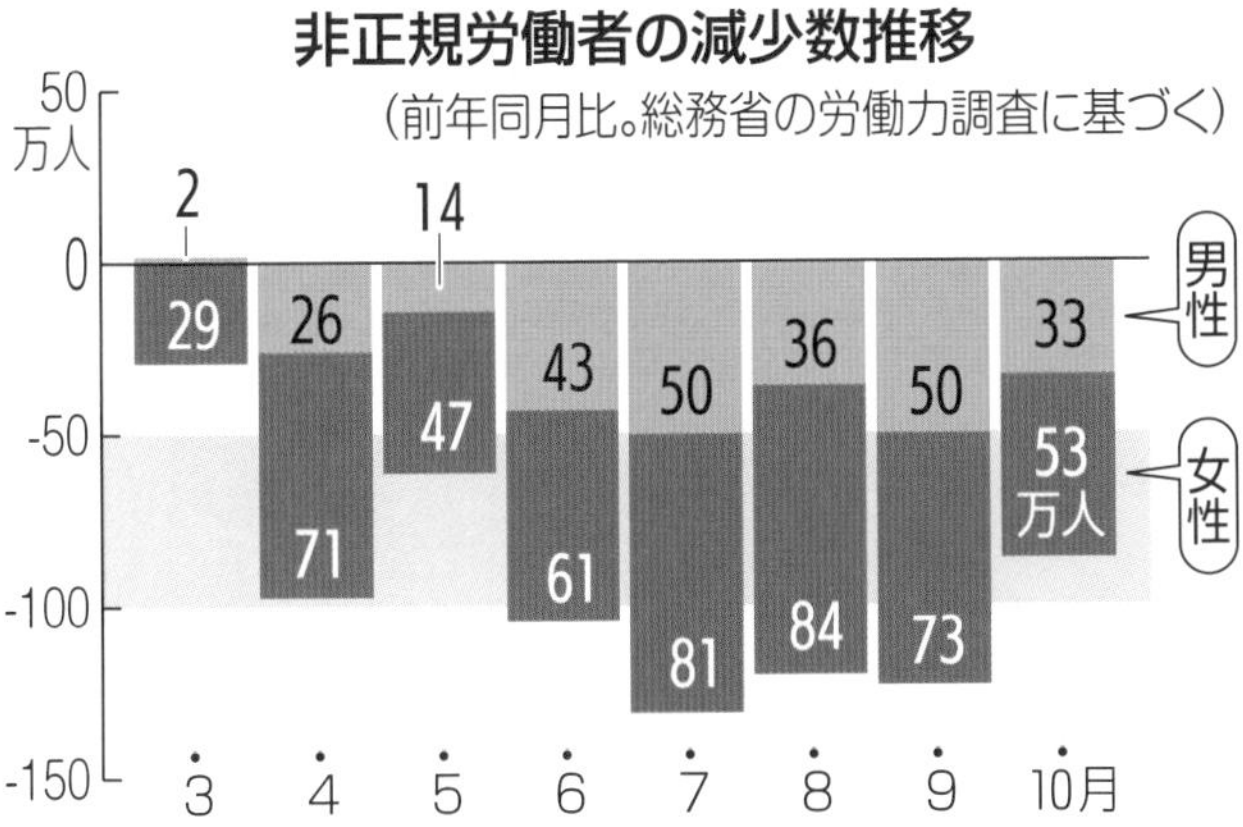

（前年同月比。総務省の労働力調査に基づく）

非正規の雇用減が影響

コロナ禍の中で非正規で働く人の数が減り続け、中でも女性の雇用が少なくなっている。総務省が２０２０年12月１日に発表した10月の労働力調査によると、パートや派遣社員などの非正規労働者の数は２１１１万人で8カ月連続の減少。前年同期比で86万人近く減り、うち女性が53万人を占めた。

調査では3月以降、女性の減り幅が男性より大きい状況が続いている。女性の就業が多い宿泊や飲食、アパレルなどの小売りで解雇が相次いでいることも要因とみられる。

また、8月の調査では25〜34歳の女性の完全失業率が4・7％に上昇。若く立場の弱い女性の就労環境が不安定になっている実情が浮かび上がる。

就職浪人　親に言えなくて

「売り手」一変　怒り

秋も深まり、少し寒くなってきた２０２０年10月。下宿先のベッドに腰掛け、実家に電話しようと思うのに、発信ボタンを押せない。広島県内の男子学生（22）は「就職浪人」することを、親にしばらく報告できなかった。「情けないし、心配掛けたくないし。コロナがなければ、こんなに苦労しなくて済んだんですかね」

就活の風景は、1年前とはまるで違うものになっていた。説明会も選考も延期続きで、ペースがつかめない。ウェブ面接にも足がすくんだ。回線が不安定になると、シャツがぬれるくらい冷や汗が止まらなくなった。「僕、それでなくてもコミュ力ないのに…」。ウイルスがもたらした激変に付いていけなかった。

大学の授業はオンラインで友達と会えず、相談もしにくい。週2日のバイト以外は家から出ない。一人きり、もんもんと眠れない夜が続き、気分が落ち込んだ。ついに心が折れたのは、ネットの書き込みを見た時。企業が採用を絞り「学歴フィルターが鮮明になっている」とか。それなら自分は大学名で門前払いされる―。「もう駄目だ」とスマホを放り投げた。

空前の「売り手市場」だった昨年に、妬みすら覚える。先輩たちは「夏前には決まる」と言っていたのに。受けた企業の大半から採用された「内定長者」もいた。たった1年の差で見る景色が全然違う。「何で僕は今年が就活なんだよって…。ついてない」。卒業したらバイトしながら、就活をやり直すしかない。

内々定を取り消された人もいる。広島市の女子学生（22）は２０２０年春、撮影モデルをしたことがある美容関係の企業から「ぜひうちに入社して」と誘われた。希望の業界に早々に決まったと喜んだのに、夏に担当者から電

話で一方的に言われた。「新卒採用する余裕がない。あの話はなかったことにして」感染拡大で客足が遠のき、急激に業績が悪化したという。「今更言われて、どうしろっていうの」。頭が真っ白になった。約束違反と抗議すると「じゃあ君はコロナの影響を予想できたわけ？」と開き直られた。悔しすぎて涙も出なかった。

「内々定が一転、NNT（無い内定）ですよ」と、女子学生はため息交じりに言う。「こっちは人生かかっているのに無責任すぎる」。怒りは収まらないまま、再度の就活のために髪を黒く染め直し、出費がかさんでまた腹が立った。

同級生が卒論を書いている傍ら、通年採用の企業を探し、一人きりの就活。内定した友人から「大丈夫？」と聞かれると、もやっとする。内定の優越感をちらつかせる「就活マウント」

を取られたようで。「卒業まで３カ月。年内に決めないと」と焦りが募る。

中国地方の大学でキャリア相談を担当する男性は、「地方の私立大ほど、コロナの打撃を受けやすいんですよ」と明かす。飲食や小売りなどサービス業への就職が多いからだ。今もまだ相談の予約が相次いでいるという。

別の大学の教員は「支援したいですが、コロナ禍の中では難しい」と悩む。大学に来る機会が減った学生の状況はつかみにくい。「コロナ世代、という第２の就職氷河期が生まれるかもしれません」。心配しながら、グループＬＩＮＥで激励の言葉を発信している。

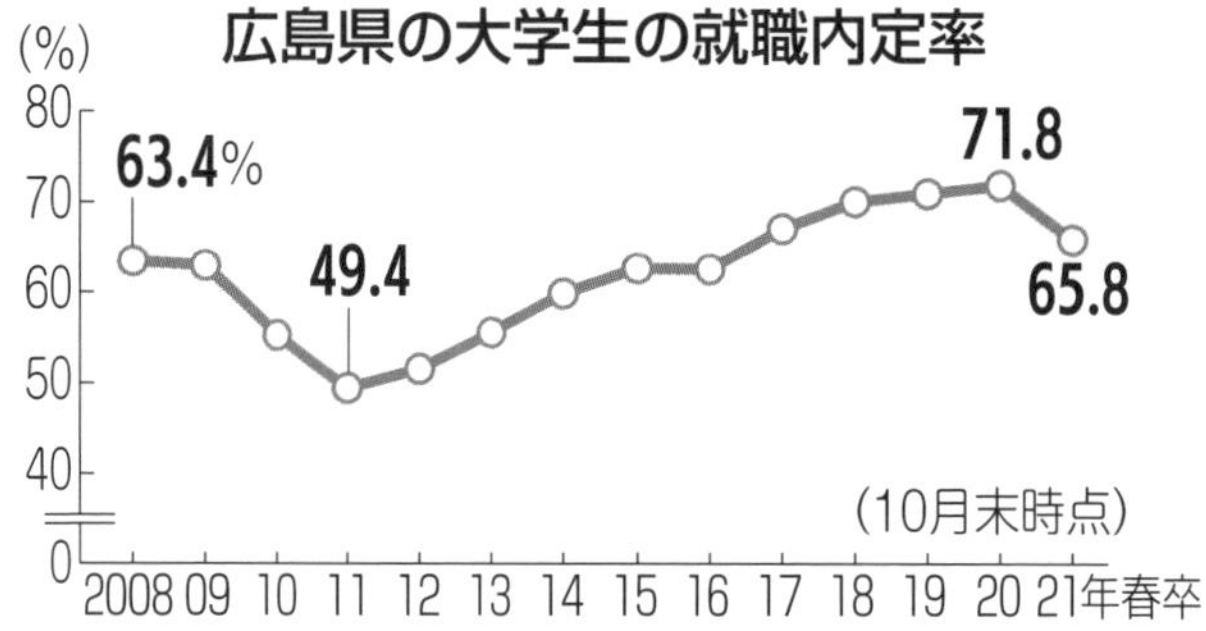

企業の採用意欲　低下

「売り手市場」と言われた新卒の就活に逆風が吹いている。広島労働局の調査によると、広島県内で２０２１年春に卒業する大学生の内定率（20年10月末時点）は65・８％にとどまり、前年同期から６・０ポイント減った。減少幅はリーマン・ショックの影響を受けた２００９年、平成不況の真っただ中の１９９９年に次ぐ大きさだった。

観光や宿泊など、コロナ禍の打撃が特に大きい業種で求人が減っている。企業の採用意欲も低下し、ひろぎん経済研究所（広島市中区）が県内企業を対象に行った調査では「来春の新卒採用を減らす」と答えたのは29・７％、「採用しない」も13・２％に上った。

新型コロナ　副業で増える食事宅配員

新型コロナウイルスの感染拡大を受けた外出自粛で、食事宅配サービス「ウーバーイーツ」や「ウォルト」の利用が伸び、配達員も増えている。「ギグワーカー」と呼ばれ、インターネットを通じて単発で仕事を請け負う。空き時間を利用した副業として人気が高まる一方、感染リスクを懸念する声も聞こえてくる。

ギグワーカー　不安を背に　多数と接するリスク　安全網乏しく

広島市西区の契約社員男性（34）は今月から、バイクで「ウーバーイーツ」の配達を始めた。まずはスマートフォンのアプリに会員登録。最寄りの登録会場へ行って説明を受けて配達用のバッグを受け取れば、すぐ活動できる。日中は物流業界で働き、月の手取りは約15万円。ボーナスはない。収入を補うため、仕事後に「ウーバー」と弁当配達のアルバイトを掛け持ちする。「ウーバー」の報酬は飲食店から配達先までの距離に応じて変わる。稼働は夜間の3時間ほど。多い日には6、7件の注文があり、3千円以上稼げる。1週間分の報酬が翌週には振り込まれるスピード感も魅力だ。

ただ、感染のリスクも感じている。ファストフード店や居酒屋に料理を受け取りに行き、店の従業員や注文客ら不特定多数の人と接する機会が多い。常にマスクを着用し、消毒用のウエットティッシュを持ち歩いて手を拭く。品薄のマスクは洗って使い、その上からネックウォーマーを重ねる。「自分の身は自分で守らないと。感染したら本業の仕事もできなくなる」と気を引き締める。

中区の飲食業男性（40）は、感染拡大の影響で勤務先が２０２０年3月末から開店休業状態になり、配達員を始めた。仕事が減った自営業の友人たちも相次いで登録しているという。自転車で1日10～12件配達し、これまでに15万円ほど稼いだ。感染リスクを減らすため、現金払いを断り、オンライン決済の注文に絞っている。

最近利用が増えているのが、玄関先やロビーなど指定の場所に荷物を置く「置き配」だ。配達後に注文客にメールで知らせる。対面せずに受け渡しができるが「外に出て人と接する以上、感染の可能性はゼロじゃない」と警戒する。

ギグワーカーは会社と雇用関係のない個人事業主として扱われる。組織に縛られず柔軟に働けるが、トラブルや事故に巻き込まれた際の安全網が乏しい。

配達員でつくる労働組合「ウーバーイーツユニオン」は運営会社に対して20年4月上旬、マスクや消毒液を配達員に配り、危険手当として1件３００円を支払うよう求めたと発表した。ただ、運営側が要求にどこまで応じるかは不透明だ。

労働問題に詳しい広島弁護士会の平田かおり弁護士は「働き方の多様化で今後もギグワーカーが増えそうだが、労使関係の実態が見えにくい」と指摘。「不安定な働き方は貧困につながる。現場の配達員が安心して働けるよう法整備が必要だ」と話している。

シングルマザー悲鳴

新型コロナ　収入減　支出は増
子どもの優しさ　心に痛み

新型コロナウイルスの感染拡大で経済が停滞し、収入が減ったシングルマザーたちが悲鳴を上げている。厚生労働省の調査によると、母子世帯の平均年間就労収入は200万円。多くがぎりぎりの生活を送る中、減収に加えて休校に伴う昼食代や学習費など支出が増え、あすをどうするか立ちすくむ。

買い物に行ったスーパーで、小学生の長男はお菓子を欲しがりながら、「ごめんね」とつぶやいた。広島市の40代女性は、どう返事していいか分からなかった。不自由な思いをさせているのが申し訳なくて、「こっちこそ、ごめんね」と心の中で謝る。

この女性は小学生の長男と、高校に進学したばかりの長女と3人暮らし。夫は5年ほど前に亡くなった。生活費や学費は、イベント関連の会社で働く女性の給料で賄う。月給は10万円余りの基本給と平均8万円の歩合給で計20万円ほど。ただ、2020年3月からはイベントの中止が相次いだ。4月はかろうじてあった基本給も、5月からはなくなるかもしれない。

一方で支出は増えた。一斉休校で子どもの昼食代や昼間の光熱費がかさみ、3月は2、3万円プラスに。政府が臨時で支給する子ども1人1万円の児童手当は「焼け石に水のような額です」と途方に暮れる。切り崩してきた預金も200万円ほどになった。近くに頼れる親戚はいない。「私が倒れたら終わり。八方ふさがりです」と声を落とす。

岡山県の30代女性はキャバクラで働きながら、小学生から未就学児までの子ども4人を育てる。2月ごろまでは週６日勤めて、月30万円ほど稼いでいた。

ただ感染が広がり、客が激減。４月から勤務は週２日となり、給与は月10万円に下がる。同居の母が稼ぐ月10万円のパート収入と合わせても、計６人が生活するのには厳しい。

転職も考えるが、求職活動や昼間の仕事を始めるとなると、未就学児を預けないといけない。その費用を考えると、そう簡単には踏み切れない。

子どもにはシングルマザーを理由に不自由な思いをさせまいと努めてきたが、小学生の長女は現状を察しているようだ。肉、野菜とバランスを考えた料理を出すと「毎日、ご飯頑張らんでいいよ」と言ってくれる。「節約していいよ」のメッセージ。その優しさがうれしい半面、親としての情けなさもこみ上げる。夜、子どもたちの寝顔を見ながら不安になる。「これから、どうしよう…」

経済対策　金額・手続きに懸念
長期的支援求める声

苦境に立つシングルマザーには、何が必要なのだろう。母子世帯を支える活動をしてきたＮＰＯ法人しんぐるまざあず・ふぉーらむ（東京）の赤石千衣子理事長（65）は、政府の新型コロナウイルスの感染拡大に伴う経済対策について「これでは生活が厳しい家庭には届かない」と懸念する。

子ども１人１万円の臨時の児童手当は「たった１回しかなく、金額が少なすぎる」とため息をつく。収入が減った世帯を対象にした「30万円の現金給付」については、受給対象者への案内がなく自己申告での手続きが必要で「生活が苦しい家庭でも、申請できず漏れる人が出てくる恐れがある」と指摘する。

国の「生活福祉資金特例貸付」も使いにくいという。社会福祉協議会を通じて、10万～20万円の生活費を緊急で借りられるが、今回の一斉休校で生じた昼食費や学習費などの支出増は原則、考慮されない。「生活がぎりぎりの家庭は少しの負担増でも子どもに食べさせるものに困る」と訴える。

ほかにも支援の現場からは「もっと長期的なバックアップが必要」と声が上がる。生活保護の基準緩和や児童手当の継続的な増額、再就職の手助け…。「しわ寄せがいきやすい世帯にもっと手厚い策が必要なのに」との嘆きが相次ぐ。

第6章　テレワークのうねり

コミュニケーションに難あり

今連絡したら
迷惑かな…
コミュニケーションが
取りにくい

在宅勤務などの「テレワーク」を、新型コロナウイルス対策として導入する企業が急速に増えています。柔軟な働き方として注目される一方、準備も整わない中での半ば強制的なスタートに戸惑いや悩みもあるようです。「テレワーク元年」に実践者の声を聞きました。

仕事が自己完結できない若手には不向き。表情も見えない

広島市の会社員男性（26）
入社3年目。サービス業。4月の異動で担当業務が変わったばかり。

テレワークになると聞いてまず思ったのは「家で仕事できてラッキー」。出勤しなくていいのが新鮮でした。でも2カ月やって感じたのはコミュニケーションの難しさ。仕事を自己完結できない僕ら若手には不向きなのかなあ。

しかも異動直後で業務にも不慣れで、分からないことだらけです。職場なら隣席の先輩や上司に気軽に相談できるのに、電話だとうまく伝えられないんですよ。「今連絡したら迷惑かな」と遠慮するし、「あーはいはい」と早口で言われると、急いで切り上げなくちゃと焦ります。

メールでもやきもきします。返信が遅いと「気分を損ねる表現があったかな」と余計なことを考えてしまって。気付けば1日に何度も受信箱をクリック。待ち時間は作業が止まるから効率も悪い。せめて絵文字が使えるようになればいいな。文末にお願いマークやにっこりマークがあると、印象が全然違いますよね。

密な連絡が取れないと、仕事上の方針の違いや誤解が生じそうで不安です。相手の表情が見えないのがこんなに不便とは思わなかった。うちの社は安全上の理由でウェブ会議をやっていないから余計、顔と顔を合わせるのが難しい。先日は他部署の人が「久しぶりに出勤したら『ついでの打ち合わせ』が増えた」と愚痴っていました。結局、対面のコミュニケーションに頼っているんですよ。

ハード面の整備も遅れています。パソコンは会社からの貸与ですが、プリンターがないのが地味に困ります。資料画面をいくつも開いて企画書を作るから、目が疲れて視力が落ちそう。紙で刷り出せたら楽なのに。残業

は禁止ですが、仕事が進まず、私用のパソコンで夜こっそり仕事する人もいますよ。

生活リズムも乱れますね。ついつい夜更かししたり寝過ごしたり。始業の直前に跳び起きてパジャマで仕事したことが何度もあります。でも自分で仕事をコントロールできる人にはいいと思う。古くさいけど、僕はネクタイを締めて髪をセットするのがやる気スイッチ。正直、早く出社したいです。

めっきり減った「雑談タイム」。学ぶ場が失われる気がする

広島市中区の工事会社副社長女性（65）
社員15人のほぼ全員が在宅勤務やリモートワーク。

小さな会社ですが、コロナの感染者を出して仕事をストップさせたら信用は丸つぶれ。社内の「3密」を防ぐため、２０２０年5月初めから工事現場に行く作業員は出社しない直行直帰のリモートワークにしました。現場監督は在宅勤務。最適のパソコンやスマホ選びに1カ月かかりました。ところが、心配なことが…。雑談がめっきり減ったんです。

これまで、夕方になるとあちこちの現場から作業員が会社に戻り、やがて「雑談タイム」が始まっていました。仕事でうまくいったこと、失敗談…。ざっくばらんな会話に職人として腕を上げるヒントがある。それがなくなると、自然と学ぶ場が失われるような気がして…。

みんなテレワークに悪戦苦闘しています。在宅の現場監督たちは「台所の机での仕事はしんどい」「休校中の子どもがいて集中できん」とぼやいて。実は私もです。２歳の孫にまとわり付かれて、電話一本かけるのも大

変ですから。

とはいえ、スマホの機能を使えば、どこからでも大量の現場写真や図面を送信できる。メモリーカードに入れ、わざわざ会社まで来て受け渡す必要がなくなりました。手書きだった作業日報も、現場でスマホに入力してぱっと送れる。慣れたら仕事の効率が上がるはず。業績アップにつなげて社員の給与に反映させたい思いもあります。

特に気掛かりなのは、今春迎えた2人の新入社員です。コロナの影響で歓迎会は中止。恒例の納涼会なども未定です。じかに会って話し、家族のような付き合いを重ねるうち、ベテランも若手も打ち解ける。ささいな相談もしやすくなります。そんな関係が「いい仕事」につながるんです。

テレワークは続けます。ただ、互いが見えにくい働き方。それでも一人一人が自立して仕事をきっちりこなし、プロの技と意識を磨けるかどうか。経営に携わる私も試行錯誤のさなかです。

「部屋見せてよ」にぞっと。「リモハラ」で上がる不快指数

広島市の会社員女性(29)
IT関連企業勤務。2020年3月からテレワーク中。

4月ごろから、在宅勤務中の嫌がらせ「リモートハラスメント」に悩んでいます。

若い社員が多いフランクな社風で、週1回は数人のチームでウェブ会議をしています。一段落すると雑談が始まるんですが、必ずある40代の先輩男性が冗談ぽく絡んでくる。「少し太ったんじゃない」「化粧してるの?」…。女性が少ないので私がネタになりやすいのでしょうが、無神経ですよね。これも給料分と適当にあしらってい

ましたが、「部屋見せてよ」と言われたときはぞっとしました。

カメラ越しに私生活が見えて、興味がわくんですかね。でも公私の境界がなくなるのはどうかと思う。大勢の目があるオフィスと違って、ウェブ上では気安くなるのかな。コミュニケーションを履き違えていると思います。

先日も「独身だと心細いでしょ。もしコロナに感染したら看病してくれる人はいるの？」と聞かれて。本当に大きなお世話。パソコンを閉じたくなります。

オンライン飲み会の誘いもストレスです。「お酒弱いんで」とやんわり断っても「自宅だから酔っても大丈夫でしょ。ノンアルコールでいいから付き合ってよ」としつこい。在宅で暇なんでしょうね。テレワーク自体は気に入っているのに、想定外の出来事に不快指数が上がってます。

テレワーク実施率は27％　民間調査

新型コロナウイルスの感染拡大をきっかけに、テレワークはどれほど広がったのだろう。民間のパーソル総合研究所（東京）が働く約2万5千人に尋ねたインターネット調査によると、全国のテレワーク実施率は２０２０年４月半ばで27・９％。３月半ばの13・２％から2倍余り伸びた。

中国5県では、広島と岡山が同率の8・2％で全国37位。山口は4・7％（47位）にとどまり、島根11・０％（29位）、鳥取13・1％（25位）だった。実施率を押し上げたのは、４月７日に先駆けて緊急事態宣言の対象エリアになった首都圏などだ。１位の東京は49・１％に達し、続く神奈川と千葉、埼玉、大阪でトップ5を占める。

調査では、テレワーク中の人の受け止めも聞いた。不安の１位は「非対面のやりとりは相手の気持ちが分かりにくい」で37・４％が回答。課題は「運動不足を感じる」が73・６％で最も多かった。

テレワーク実施率

	4月	3月
全国	27.9%	13.2%

中国5県

	4月	3月
広島	8.2%	5.6%
山口	4.7	4.1
岡山	8.2	6.1
島根	11.0	3.5
鳥取	13.1	5.2

全国トップ5

	4月	3月
東京	49.1%	23.1%
神奈川	42.7	18.9
千葉	38.0	17.0
埼玉	34.2	13.8
大阪	29.1	12.5

業界別の実施率

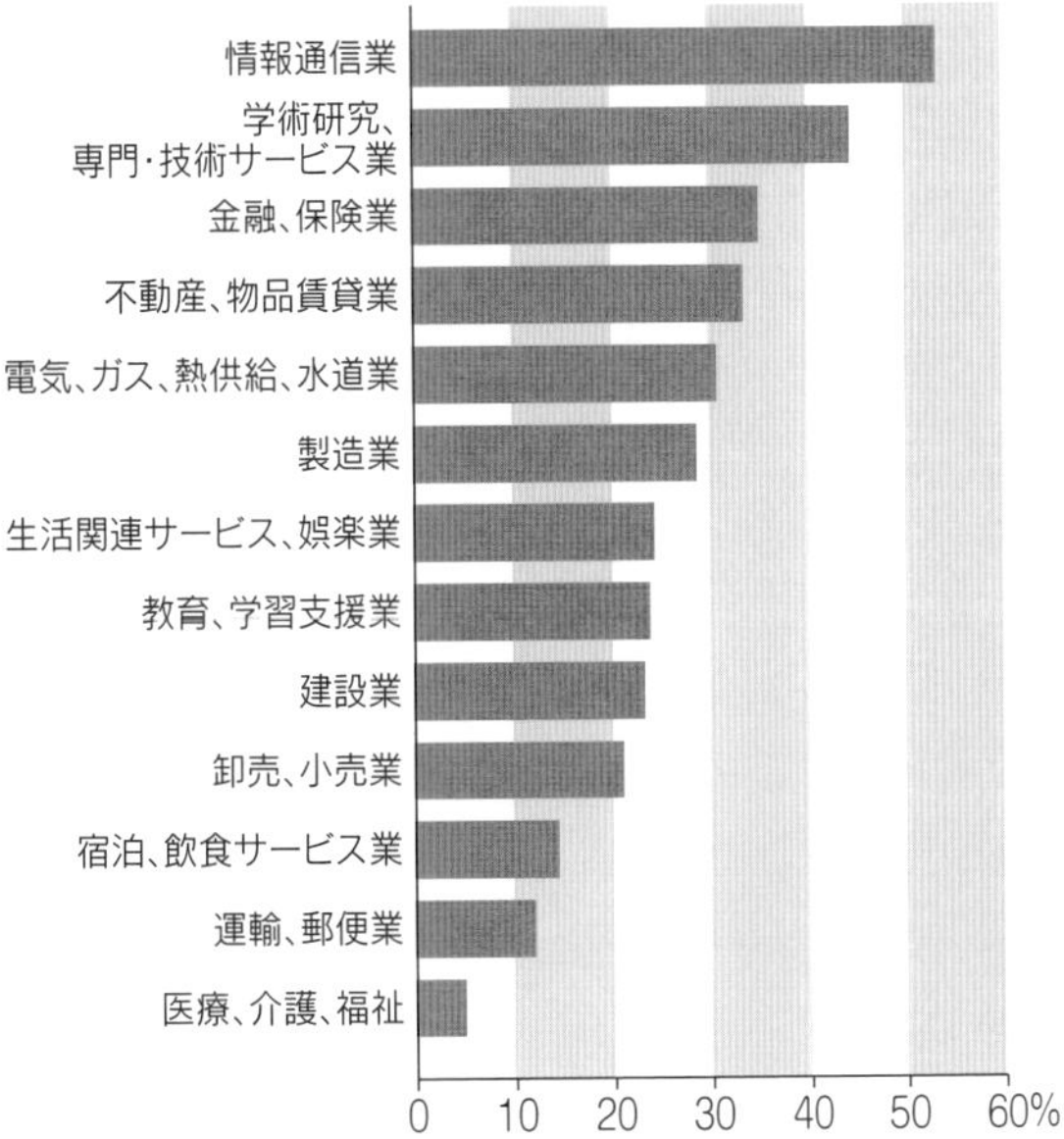

不安トップ3

1位 非対面のやりとりは相手の気持ちが分かりにくい 37.4%

2位 上司や同僚から仕事をさぼっていると思われていないか 28.4%

3位 出社する同僚の業務負担が増えていないか 26.4%

課題トップ3

1位 運動不足を感じる 73.6%

2位 テレワークできない仕事がある 60.2%

3位 プリンターなどの必要機器がない 47.8%

※パーソル総合研究所の調査を基に作成

効率良し　思ったより快適

コミュニケーションが不足しがちな半面、通勤ラッシュから解放され、上司の無駄話に付き合う必要もない。思ったより仕事がはかどる――。テレワークの快適さに気付いた人も少なくないようです。

通勤ストレスから解放。プライベートも充実

広島市佐伯区の会社員女性（35）メーカーの営業職。２０２０年3月から実家でテレワーク中。

一番のメリットは、やっぱり通勤ストレスからの解放かな。バスと電車を乗り継いで片道1時間。会社に着いたら既に「ひと仕事終えた」気がして、へとへとでした。雨や雪の日は特に大変。職場の近くへの引っ越しも考えましたが、テレワークならその必要もない。「仕事は会社で」という価値観が変わりました。

睡眠不足が解消して3食しっかり食べられるからか、長年の肌荒れも改善したんです。体は正直。趣味のヨガに充てる時間も増え、友人主催のオンライン講習にも参加して、生活が豊かになっています。

自分のペースで仕事ができるのもうれしいですね。会社にいると上司から「あの件どうなった？」「こっち手伝って」という横やりが頻繁に入り、作業が中断します。今はチャットで「データ分析中です」「電話商談します」と忙しいアピールをすれば、余計な仕事を振られない。目の前のことに集中できます。

結論が出ないのにだらだら続く社内会議もない。会議用の資料準備や印刷をしなくていいし、無駄があぶり出されましたね。

働きぶりが外から見えない分、仕事を予定通りに進めなくてはという緊張感はあります。「怠けていると思われたくない」と初めは根を詰めましたが、それじゃ続かない。オフィスと同じ要領で進まなくても「仕方ない」と割り切るのも大切です。非対面のやりとりでは時間のロスはどうしても生じてしまう。完璧主義は捨てました。

通勤ラッシュなし
無駄な会議なし
テレワークって
快適

同僚たちとの意思疎通に役立ったのは通信ツールの使い分けです。重要なことはメール、簡単な確認事項や雑談はチャット、声の表情だけでも分かった方がいい案件は電話、互いの理解度を確かめながら話したい時はウェブ会議—といった具合。工夫次第で案外できるものですね。

就職して十数年。毎朝服を選んで、化粧して、ヒールの靴を履いて満員電車に乗る—。そんな生活には戻れないかもしれません。ただ孤独を感じることもあって、ずっと在宅もつらい。状況に応じて出勤と組み合わせた働き方が理想です。

メールでこなせる業務。面倒くさい無駄話なし

広島市西区の会社員女性（53）住宅関連の営業所の事務職。２０２０年4月半ばから在宅勤務。

４月半ば、本社からコロナ対策の指示が来て、ばたばたっと在宅勤務がスタートしたんです。朝の定時に出社して、退社時間まで仕事をして帰宅する――。当たり前と思っていた「働くリズム」が崩れそうで心配でしたが、すぐに切り替わりました。テレワークの方が効率がいいかもって。

私の業務は、取引先と交わす文書作りなど。メールのやりとりでこなせます。会社員の夫が出社を続けているのもあって、わが家は静か。気持ちもざわつかず、仕事がぐんぐん進む。

職場の煩わしさから解放されたからかもしれません。頼まれ仕事に忙殺されるし、ベテラン営業マンの無駄話にも付き合わないといけない。「営業先の奥さんがねぇ」「テレビで見た俳句の言い回しがよくってさぁ」…。パソコンをたたきながら相づちを打っていると「生返事だな」と突っ込んでくる。雑談も職場の「潤滑油」だと思いますよ。でも急ぎの仕事をしているときは、かなり面倒くさい。

在宅勤務で困ったこともありました。出納帳など経理の紙資料は社外に持ち出し禁止。それがないと仕事にならないので、２回ほど出社しました。ゆくゆくは改善してほしい。資料の電子化とか、データ管理のセキュリティー対策とか。自宅からパソコンでアクセスできれば、もっとテレワークしやすくなりますよ。

これからの働き方としてテレワークは「あり」です。私の両親も老いてきました。親の介護で離職する人って多いですよね。週に何日かでも在宅勤務できれば、家庭の事情で仕事を辞めることなく働けそう。そう感じているのは私だけじゃないと思います。

長時間一緒　家族にイライラ

自宅で仕事ができるのは便利ですが、家族が長時間一緒にいることで不協和音が生じるケースもあるようです。家事をしない夫への不満や、家に居場所がない「フラリーマン」の嘆きが聞こえてきます。

子育てしながら仕事はつらい。家事しない夫にも不満

広島市安佐南区の会社員女性（37）夫婦ともテレワーク。娘（4）と息子（2）は登園自粛中。

在宅ワークって言いますけど、正直「ワーク」ができる環境じゃないですよ。この1カ月半、登園自粛の保育園児2人の相手をしながら、4人分の食事を作り続ける日々に疲れ切っています。「家族の時間が増えた」と前向きだったのは最初だけ。実態は、仕事の合間に料理や洗濯、掃除…。昼ご飯の準備も必要で、家事はむしろ増えました。

1人の時間も全くありません。ようやく「仕事に集中だ」と思っても、子どもはお構いなし。資料作りを一気に片付けたい時や電話をしている時に限って「ママー喉渇いた」「おなかすいたー」「うんち出たー」の声が響きます。ネットで動画を見ている間は静かですが、母としては「また3時間も見せてしまった…」と自己嫌悪になります。

家事が苦手な夫（43）は、完全に戦力外。「納期が近くて仕事が忙しい」と書斎にこもって私に丸投げです。夫の方が給料は高いけど私だって働いているのに…。

この間、「手伝ってよ」と部屋に入ると「ウェブ会議中だから」と邪魔そうな表情。掃除機をかけると「静かにして」。食事も残り物を出すと嫌そうな顔をされ、食卓をひっくり返したくなる衝動に駆られます。

さらに腹立たしいのは私の仕事に口出しすること。「エクセルの表が見にくい」「作業効率が悪い」と上司の

ような物言いです。「何もしないくせにうるさい！」という言葉を何度ものみ込みました。

テレワークで全てのバランスが崩れています。これまでは「会社では仕事」「帰宅したら母に戻る」と線引きしていたけど、今はどちらも中途半端。昼間に終わらず深夜や早朝に仕事をするから寝不足です。イライラして子どもに当たることもあります。これまでは実家の母を頼っていましたが、感染が怖くて今はそれもできません。

テレワークは子どもの世話をしながらはできない―が私の結論。通常出社になって子どもを預け始める6月1日を指折り数える日々です。

居場所なく、ベランダに机。「出社当番」が癒やし

廿日市市の会社員男性（53）
通信機器関連の企業。2020年4月からテレワーク。妻と娘2人の4人暮らし。

家に居場所がなく、寄り道して帰るのが楽しみな「フラリーマン」です。自宅で仕事をするなんて、つらいご時世になったと思いますよ。主導権は妻に握られ、大学生と高校生の娘が中心の生活。会話も弾まず、肩身は狭いです。

娘たちは休校中だし、妻の習い事も休みなので、家の人口密度が高いんです。自分の部屋もありません。リビングで資料作りをしていたら「テレビ見るから」と、女性陣の邪魔そうな視線。すごすごと退散しました。

仕方なく屋外用の机と椅子を買ってベランダで仕事をしています。爽やかな風が吹くので案外悪くありません。自粛モードで仕事自体が減っているので、幸い忙しくもないですし。

家に比べて会社は快適ですよ。郵便物の仕分けや来客対応をする週1回の「出社当番」が癒やしです。周りの50代も似たようなもので、出番を募ると我先に手が挙がる。情けないですよね。

若い社員は在宅勤務になじんでいるけど、僕らは「モーレツサラリーマン」だった先輩の背中を見て育った世代。平日は終電まで飲み会やマージャン、週末は接待ゴルフが当たり前でした。長年、会社人間として過ごしてきたのに今更、自宅回帰しろと言われてもね。「早く飲みに行きたいなー」と、おじさん社員同士、ぼやいています。

シビアに仕分け　業務も人も

てきぱき
パソコン
苦手なんだよな…
チャットって
何だよ

　テレワークによって仕事のさまざまな「仕分け」が進みそうです。業務の無駄があぶり出され、より効率的に働けるようになるかもしれません。

　一方で、デジタル機器を使いこなせないと厳しい評価を受ける可能性もあります。実践者からは不安交じりの受け止めも浮かんできます。

社外用パソコン配備は正社員だけ。「格差」に焦り

広島市の40代パート女性
金融関連の事務。２０２０年5月上旬まで在宅勤務。

「テレワークをするうち無駄な物とか、不要な人が分かってきそうだね」

職場で聞こえてきた雑談に、びくっとしました。不要な人って、まさか私たちのことじゃないよね…。耳を傾けながら、テレワークには恐ろしい一面もあると思ったんです。

事務パートの私たちも、４月半ばから在宅勤務になりました。ところが、社外に持ち出せるセキュリティーの整った専用パソコンが配られたのは正社員だけ。私たちは、自宅のパソコンから会社の顧客データにアクセスできません。

家でできたのは、社内の研修チャンネルの視聴やエクセルの勉強くらい。こんなので働いているっていえるのかな、と焦りが募りました。正社員はテレワークを続けていましたが、在宅で仕事が進まない私たちは結局、5月上旬から通常出勤に戻ることになって…。

ひとまず胸をなで下ろしたのは、在宅勤務で給料が下がらなかったこと。でも、在宅勤務での正社員との「格差」をありありと感じてしまって。

テレワークについていけなかったら、立場の弱い非正規雇用の私たちから切り捨てられかねません。パソコンが苦手な人も仕事がなくなるかもしれない。「私の居場所はどうなるの？」って不安になります。

ちゃんと仕事してる？一度も姿見せず不信感

広島市の会社員女性（42）
情報機器関連の事務。在宅勤務中の社員にいらいら。

ちゃんと働いているのかしら？　２０２０年4月上旬から在宅勤務になった50代の営業マンがどうしても信じられなくて。それは、普段から職場のみんなに信用されていないからなんです。

私を含めて、この営業マンの仕事をかなりカバーしてきました。今どき、エクセルも使いこなせないんですから。取引の見積書は手書きだし、間違いだらけです。営業先との契約も、私たちの方が進み具合をよく把握しています。確認すると「そうなの」って人ごとみたい。一事が万事です。

こんなふうだから、在宅勤務の働きぶりも色眼鏡で見てしまう。ぽつぽつですが、出社を続ける私たち事務職員に仕事の指示メールは届きます。「○○しといてください」と。ただ、雲隠れしたように一度も職場に顔を見せないんです。ちょくちょく立ち寄る若い営業マンは「まさか広島にいないんじゃ…」とさえ疑っていますよ。

新型コロナの影響で取引自体が低調です。今のところ、会社から営業成績について厳しく言われていません。でも、いつまでも成績がぱっとしないと、働きぶりが問われるんじゃないでしょうか。「ベテラン」というだけで許されないと思います。

評価は結果でする。仕事の様子が見えませんから

岡山市のサイト運営会社社長男性（51）本社で働く社員35人の大半が在宅勤務。

２０２０年5月下旬に岡山市中心部にある本社を近くの貸しスペースに移転しました。３月から始めた在宅勤務がきっかけ。テレワークの導入で「コスト削減できる」と判断したんです。

職場の「３密」を防ぐため、出勤者を10人以下にしました。すると、約３３０平方メートルのオフィスに社員はまばら。賃料はばかにならないし、こうこうともる電灯がもったいなくて。1日3回のミーティングはウェブ会議でできるし、仕事も回っている。ならば、オフィスの広さは半分くらいでもいいじゃないかと。

今後もテレワークを続けます。これから求められるのは、うまくテレワークできる人材です。どこで働いても、自立して計画的に仕事をこなしてほしい。シビアかもしれないけど、経営者としては成果を出してくればいいですから。

悩ましいのは、社員の働きぶりの評価。目標達成までの努力を見てほしい人もいるでしょうが、仕事の様子が見えませんから。そこは課題です。

リモートワーク　自己管理が鍵

実践3年　尾道の陶山さん
東京のＩＴ企業社員

リモートワークをして3年になる「達人」が尾道市向島町にいる。陶山嶺《すやまれい》さん（32）は、瀬戸内海のそばで、東京のＩＴ企業の社員として働いている。新型コロナウイルスの感染防止で広がるリモートワークをどうすればうまくこなせるのか。陶山さんが心掛けているのは、「当たり前」の基本技を徹底し、自律的な働き方をすること―。

陶山さんは、広島大に在学中に尾道の豊かな自然に魅了され、２０１7年に都心から尾道に移住した。「リモートワークは上司がそばにいないので、自分で自分を管理する力が必要になる」と実感を込める。

この自己管理が難しい。職場にいれば上司が「あれどうなった？」と確認に来たり、チームの同僚が自然と助けてくれたり。顔が見えるだけに黙っていても周囲のサポートを得やすい。一方、リモートワークは1人の時間が長くなる分、主体的、能動的に動くことがより求められる。

「そのためには、会社で働くときに必要となる基本的なことを、もっと徹底しないといけない」と陶山さん。自己管理のために大切にしている三つのポイントがあるという。

①集中して仕事ができる環境づくり

まず意識しているのは家の中に「仕事空間」を設けること。気持ちを切り替えるためにも毎朝きちんと服装を整え、朝食を取る。朝8時からパソコンデスクと加湿器しかない部屋で作業を進める。雑誌や布団など気が散りそうなアイテムは部屋に置かない。

頭の中を整頓しておくことも大切だ。「あれもこれも」と業務をため込むと効率が落ちる。シンプルな「ｔｏ ｄｏ（すること）リスト」を作り、チェックしながら順に終わらせていくと集中しやすいという。

上司や同僚への連絡も滞れば負担になる。「返事はチャットで早く完結に終わらせます」。前置きや宛名を書く手間のいるメールはほぼ使わない。

無駄を省く一方、時間が掛かりそうなプロジェクトには早めに手を付ける。締め切り直前ではなく早めに上司に相談することも、生産性を高める。

②密な報告・連絡・相談

ビデオ会議でのやりとりを増やすと、チーム間の考え方のギャップが生まれにくい。文字でのやりとりが増えるリモートワークではどうしても相手の表情やしぐさ、声から得られる情報が減る。1日に1回以上はビデオ会議で同僚の声を聞いたり顔を見たりして、コミュニケーションを取りたい。

陶山さんの会社は社員約80人のほとんどがリモートワーカー。チーム全員の予定をオンラインカレンダーで共有し、ビデオ会議で「誰が今何をしていて課題は何か」を確認する。上司や同僚の顔を見れば緊張感やモチベーションの維持につながる。他者の共感や助言などのフィードバックは、信頼関係を強めてくれるという。

③上手にリフレッシュ

オンとオフをうまく切り替えられなければ「だらだら仕事」や働き過ぎに陥りかねない。自分なりの気分転換の方法や場所を持つと心強い。

陶山さんは集中力が切れると、昼休みにバイクで海沿いを走る。「尾道の自然や町並みが好きで移住したので、モチベーションが上がるんです」

長時間1人でパソコンに向かうため「孤独対策」も必要だ。時折、海の見えるなじみのシェアオフィスに仕事場所を変え、解消している。仕事も価値観も違う知り合いと言葉を交わせば刺激にもなる。

終業は午後5時。残業はほとんどなく、任された仕事を十分終えられる。アフター5と休日を使い、２０２０年1月にプログラミング言語の専門書を出版した。11月にはキャリアアップ転職も果たした。

「好きな場所で自由に、がかなう働き方です」と陶山さん。コロナ禍の在宅勤務中に自己管理の能力を養えば、職場でもプライベートでも可能性が広がりそうだ。

ストレス「感じた」6割

新型コロナ禍の中でテレワークをした人が職場にいるときはなかったストレスを感じたことがあるどうか、リクルートキャリア（東京）は２０２０年9月に調査。６割が「ある」と答えた。会社で顔を合わせることで生まれていたコミュニケーションや協力が減ったことが原因のようだ。

調査は20～60代の２２１３人に実施。20年1月以降にテレワークを始めてストレスを感じたと答えた人のうち、

７割は９月になっても解消できていなかった。ストレスが続いている人は、仕事中に「雑談」がない人が多いことも分かった。

職場にいないと、仕事の全体像を把握しづらく、孤独を感じることもある。同社の担当者は「互いを認め合う言葉掛けが心労を減らしているようだ」と話す。

テレワーク浸透させるポイントは

テレワークのうねりは、さらに高まるのだろうか。新型コロナウイルス対策で急きょ導入が広がった在宅勤務が広く受け入れられ、浸透していくためのポイントとは――。テレワークの専門家たちに聞いた。

チームワーク「仮設オフィス」で

テレワークを導入する企業などへの支援を進めている
テレワークマネジメント社長　田沢由利さん（57）＝北海道北見市

いかに日本型のテレワークを育てていくか。新型コロナ対策で在宅勤務などの導入が広がり、これから取り組んでいかないといけない課題だと感じています。

日本の働き方は、欧米と違ってチームワーク重視です。「お付き合い残業」などの悪い面もありますが、互いに補い合って高い企画力を発揮する。テレワークで離れていても、どうチームで働くか。お勧めはネット上に会社にいるのと同じような感覚になる「仮設オフィス」を作ることです。

使うのは、ウェブ会議システム。会議だけの利用はもったいない。運用次第で在宅勤務する社員たちのチーム力は高まります。例えば、システムに入ると「出社」、出たら「退社」。その間、スピーカーだけオンにしておき、名前を呼ばれたらマイクとカメラもオンにして会話を交わす。一緒に仕事をしている安心感も芽生えてきます。

ＩＴツールをうまく活用すれば、子育てや通院、介護が必要な人も在宅で働きやすくなります。仕事ができない時間は「退席」ボタンを押してパソコンの前から離れ、一段落したら「着席」して再び働く。そういうツールもあります。トータルで1日の所定労働時間になればいいんです。社員教育もそう。何度も集まらなくても、オンライン講義を重ねるうちノウハウやスキルは身についてきます。

「できない」と決め付けず、何ができるか工夫してほしい。大切なのは「成功体験」の積み重ね。職場にマッチしたテレワークに結び付くはずです。

「会社でないと」見直すとき

ワークスタイル変革担当として働き方改革の相談や講演に取り組む
富士通・シニアエバンジェリスト　松本国一《くにかず》さん（49）＝川崎市

新型コロナ対策で外出や移動の自粛が求められ、半ば強制的に在宅勤務が進みました。でも「テレワーク＝在宅」ではありません。本来、ＩＴツールを生かして、どこでも自由に、仕事ができる働き方。平時は街中のカフェや移動中の合間に働いてもいいわけです。

場所を会社、自宅と縛るのではなく、働き手が働きやすい環境を整え、通勤や移動の無駄を省くものです。新型コロナ対策のテレワークについては、本当に働きやすかったかどうかの点検が必要でしょう。

ただ、必要に迫られてテレワークに取り組むことで、「会社でないと仕事ができない」というのが思い込みだったことに気付いた人も少なくないはずです。

今まさに「新しい生活様式」への転換が呼び掛けられています。働き方も、じかに会うのが常識、礼儀とする時代から変わりつつある。これまでの「当たり前」を見直していくときでしょう。

人口が減り、働き手不足は深刻です。テレワークの導入で、企業はエリアを問わず人材を確保しやすくなります。広島に住む人を東京の企業が雇うこともできるんですから。東京一極集中を変える一つの手だてとなるかもしれません。

ただ離れている分、自ら判断してチャレンジする人が求められます。指示待ちで動く人は仕事にありつけなくなるかもしれません。ITツールを使いこなせるようになることも大切です。互いが見えなくても思いの外、人と人の距離を密にしてくれます。

デジタル機器　うまく使おう

テレワーク導入を考える広島県内の中小企業をサポートしているNPO法人「ITコーディネータ広島」理事長　児玉学《こだまがく》さん（57）＝広島市南区

新型コロナの広がりを受け、テレワークの問い合わせが増えました。企業の関心の高まりを感じます。一方で「設備投資のお金がない」「ITに詳しい社員がいない」「何から着手すべきか分からない」といった悩みも寄せられます。でも、やり方次第で克服できる。第2波に備え、デジタルツールを上手に活用しましょう。

製造業や建設業、店頭販売は、テレワークに不向きと考えられがちです。しかし、報告書の作成やデータ入力など社外でもこなせる業務はあります。テレワークできる業務は何か、誰ができるか。その区分けが鍵です。

最も取り入れやすいのがオンライン会議。専用アプリ「Ｚｏｏｍ《ズーム》」は、無料プランでも画質・音質が良く初心者向けです。私用のスマートフォンを使えば設備投資も要らない。ネット上で社内の情報共有ができる「グループウエア」も便利です。互いの行動予定や仕事の進み具合が見えるので、誰が何をしているか分からない状況が解消されます。

全ての仕事をテレワークにシフトする必要はありません。中には対面で議論した方がいい会議もある。意思疎通のためにも、バーチャルとリアルを織り交ぜるとスムーズです。

子どもの声や生活音で在宅ワークが難しいなら、貸しスペースやホテルの一室でもいい。会社でも自宅でもない「第３の仕事場」の充実が、テレワークの浸透につながります。

第7章　非正規公務員の嘆き

「嘱託さん」見下されてる感

ちょっとー、嘱託さん
窓口は聞かれたことだけ答えたらいいから
正職員
キッ
○○○課
嘱託職員

国や地方自治体の公務員の5人に1人は非正規で働いていることをご存じだろうか。この10年で1・4倍に膨らんだ。多様化する住民ニーズに応えるため、現場では経験やスキルも要求されるが、待遇はなかなか改善しない。

第7章は「非正規公務員」たちの胸の内に迫る。

窓口で十数年　昇給わずか

「嘱託さん」。それが職場での呼び名だ。広島県内の40代の女性は、離婚後に役所の窓口で働き始めて十数年。嘱託職員の私の名前を、同僚の何人が知っているんだろう。「何のリスペクトもない。自己肯定感は地に落ちてます」とため息をつく。

窓口には毎日多くの住民がやってくる。相談内容に耳を傾け、必要な書類を用意する。笑顔で、丁寧に—。「住民にとっては、窓口の私たちが『行政』ですから」。責任を持って仕事に向き合ってきたつもりだ。

でも、現場に寄せられた声を基に業務の見直しを提案しても「嘱託さんはそこまでやらなくていい」とすげなく言われる。生活苦を訴える人のために支援制度を調べようとしたら「窓口は聞かれたことだけ答えて」。創意工夫は求められない。

クレーム対応は「感情労働」なのに評価されない。「制度がおかしい」「税金取

いろんな職場で非正規公務員が活躍している

り過ぎだろ」と苦情やストレスをぶつけられ、神経を使う。いちいち怒ったりせず、なるべく共感しながら、分かってもらえるように細やかな説明を心掛けている。

それでも、同僚からは「誰でもできる受付係」と軽んじられている気がする。「頭を使わない仕事でいいね」「試験に合格した公務員と、非正規では待遇が違って当然」と、平然と言い放つ正職員もいる。

公の機関は「より働きやすく」「差別をなくそう」と呼び掛ける側のはずだ。でも実際には、自分たち非正規が見下されているような感覚がぬぐえない。

1日6時間の勤務は濃密だ。窓口と電話対応、書類仕事をこなし、新人のフォローもする。その対価は、手取り月12万円ほど。正職員の3分の1しかない。十数年たつのに昇給もほとんどない。「ただの事務補助に『経験値加算』は要らないだろ」。かつて正職員から投げつけられた言葉が忘れられない。

窓口業務の扱いに理不尽さを感じているのは、国が運営するハローワーク（公共職業安定所）の相談員も同じだ。

原則1年更新で働き、3年目は任用試験を受け直さないといけない。自分も不安定なのに、仕事を探す人の就職を支援する——。カウンターを挟んで、やりきれなさをぐっとこらえる相談員は少なくない。

「あすは、わが身…。そんな思いで、やりがいを持って働けるんだろうか」。中国地方のハローワークの正職員男性は、非正規の相談員たちをおもんぱかる。

経験が求められる仕事という。相談窓口に来る人の歩き方、表情…。つぶさに感じ取って一人一人に寄り添い、新たな仕事につないでいく。「一朝一夕ではこなせない。正職員を補助するような容易な業務でもありません」

誰が切られるのか——。更新時期が近づくと、男性の気持ちもざわつく。相談員たちのつらい胸の内が耳に入ってくるからだ。効率的に仕事をしていると評価されているか。上司に嫌われていないだろうか…。周囲の目に過敏に反応してしまうのは、不安の裏返しに違いない。

男性はつぶやく。「日本の雇用政策の最前線を担う働き方が、これでいいんでしょうか」

地方でも5人に1人 行政スリム化に伴い

非正規公務員は、公共サービスの担い手として欠かせない存在となっている。国の場合は約15万人に上り、職員全体の36％を占める。地方自治体でも10年ほどで1・4倍の約64万人に増えた。今や公務員の5人に1人が非正規で働く。4分の3は女性だ。

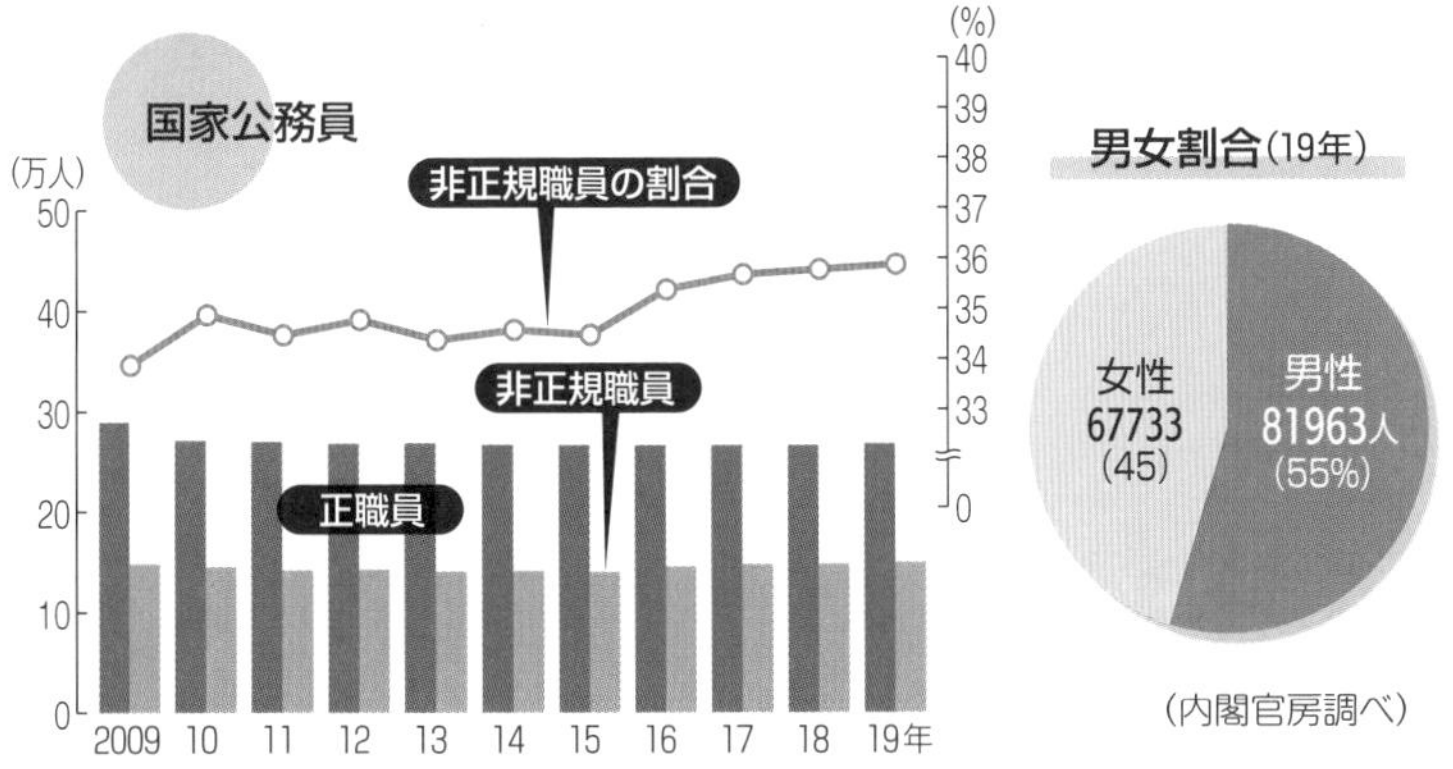

(内閣官房調べ)

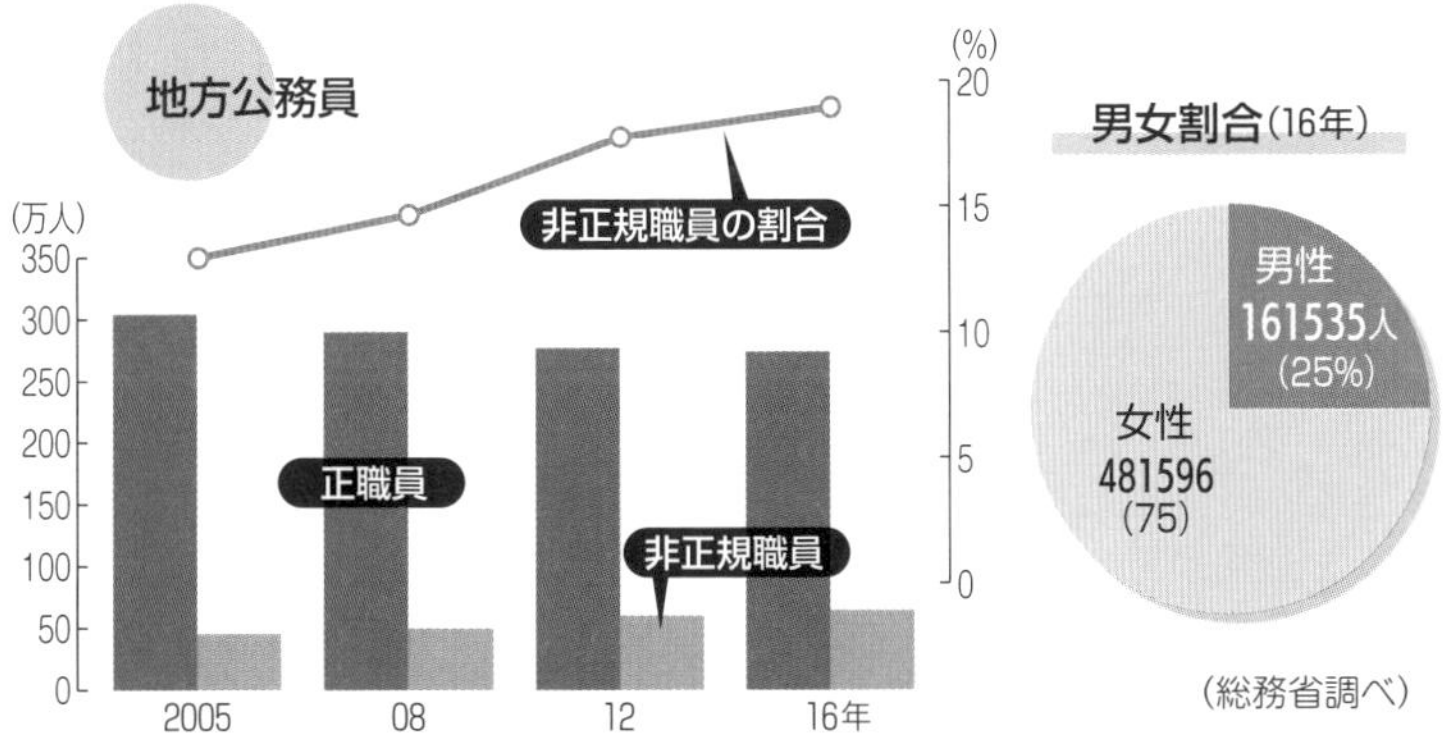

(総務省調べ)

地方自治体の正・非正規職員の平均月給

正職員		非正規職員	
全職種	36万2047円	事務補助職員	14万4705円
		教員（義務教育）	25万7839円
		保育士	17万4287円
		給食調理員	15万1294円
		看護師	21万7965円
		図書館職員	15万4168円
		清掃作業員	16万7227円
		消費生活相談員	17万1797円

※総務省調べ。正職員は2019年、非正規職員は17年度

なぜ増えたのだろう。最大の理由は財政難だ。人口減などで税収が細る中、人件費を抑え、行政のスリム化を図る動きが止まらない。民間企業と同じように「安い」労働力として非正規職員が重宝されている。

実際、正職員は劇的に減らされた。国では郵政民営化（２００７年）など大なたが振るわれ、80万人台から26万人台に。地方自治体でも「平成の大合併」や業務の外部委託が進み、ピークの３２８万人（１９９４年）から55万人も減った。

ただ、住民ニーズの多様化に伴い、公的サービスに求められる役割は広がっている。最前線で住民を支え、負担の大きい業務を担う非正規公務員もいるが、正職員との給与格差は依然として大きい。

こうした中、２０２０年4月から非正規の大半を「会計年度任用職員」とし、自治体は期末手当（ボーナス）を支給できるようになった。法改正に伴う制度改革だ。しかし、手当を払う代わりに月給を減らす自治体もある。「低収入のままだ」「同一労働同一賃金には程遠い」。変わらない実態を憂う声は少なくない。

「やりがい搾取」限界寸前

婦人相談員の仕事だけでは
食べていけない…
やりがい

無償・自腹　相談24時間

「夫から逃げたい。助けて」。休日も正月も真夜中にも着信は鳴る。女性たちからのSOSに気付けるよう、広島県内の女性（52）は携帯電話を肌身離さず持っている。

ドメスティックバイオレンス（DV）の被害者たちを支える婦人相談員になって7年。最前線で経験を積んできた。なのに自分の足元はおぼつかないまま。最近つくづく思う。「これって『やりがい搾取』じゃない？」

勤務は週30時間。時間外の相談は全てボランティアだ。夫に隠れて深夜にしかやりとりできない人も多い。「家を出て経済的に大丈夫かな」「連れ戻されるのが怖い」…。時間を問わず不安の声を受け止める。「命が懸かっている。相手の人生に寄り添う覚悟でやっています」と話す。

支えるのは難しい。配偶者や恋人の元から逃がして終わりじゃない。避難場所や離婚、就職、子どもの転校をどうするか。揺れる被害者の心理を踏まえ、どう声を掛けるか。知識を得るために、全国各地の勉強会に参加してきた。

でも、経費は使えない。休みをつぶし、自費で出掛ける。手取りは月約10万円ほど。費用を捻出するために、飲食店のアルバイトと電話相談員のトリプルワークをしている。

そこまで情熱を傾けるのは、かつて自分自身がDV被害者だったから。相談機関につながり、生き直すことができた。親身になってくれる相談員に出会えるかどうかで人生が変わる。だから恩返しがしたい。自分を頼ってくれる被害者の力になりたい。

その情熱を、行政に利用されているんじゃないか――。先日、過労で倒れ、そんな思いが胸に渦巻いた。「もう限界かなって。相談者を守るより前に、まずは自分自身を守る環境が必要です」

中国地方の自治体に勤めて十数年になる別の婦人相談員も、やりがいを感じる一方、もどかしさを抱きながら働いている。

DV相談の現場は多忙だ。勤務は週30時間と決められているが、「残業」をせざるを得ない日も少なくない。急な電話相談や来所への応対、被害者の同行支援、県などとのケース会議…。ルール通り、残業した時間分だけ平日に休みを取ると、仕事が回らなくなる。被害者のサポートがおろそかにならないか、気が気でない。

それでも踏ん張るのは、「心からよかった」と実感することがあるからだ。暴力を振るう夫の恐怖から妻や子どもを引き離して保護にこぎ着けたとき、ほっとした表情に出合う。「わずかでも一歩を踏み出す後押しができて、私も胸をなで下ろすんです」。その瞬間は何物にも代え難い。

しかし、正職員の上司からは、自分たちと同じような「被害者を助けたい」という熱意を感じられない。ミーティングで他機関との連携を求めても「検討しとく」とそっけない。文書で提案してもほったらかし。「非正規の意見は、軽くみられているんですかね」。上司は数年で異動になる。奥の席に座り、被害者の生の声に触れることもない。「ＤＶに詳しくないから」という返答にしばしばがくぜんとしてしまう。

くじけず使命感を持って奮起するものの、疑問が拭えない。手取りは月15万円に届かない。「自分たちが燃え尽きたらどうなるんでしょう」。全国でＤＶや児童虐待の痛ましい事件が起きるたび、危機感が募る。

ＤＶや離婚　内容多岐

婦人相談員が対応する相談の内容は多様化している。厚生労働省によると、２０１６年度は全国で７万９４２３人が来所して相談。家族や交際相手からの暴力に関するものが、ほぼ半数を占める。ほかに離婚や経済関係、ストーカー被害の相談もあった。

もともと婦人相談は、売春防止法（１９５６年）に基づいてスタートした。その後、ストーカー規制法（２０００年）やＤＶ防止法（01年）の施行に伴い、相談の対象も広がってきた。

相談員は17年度、中国地方５県の91人を含めて全国で１４４７人。うち８割は非正規で働いている。


全国の婦人相談員たちが受ける相談内容（来所）

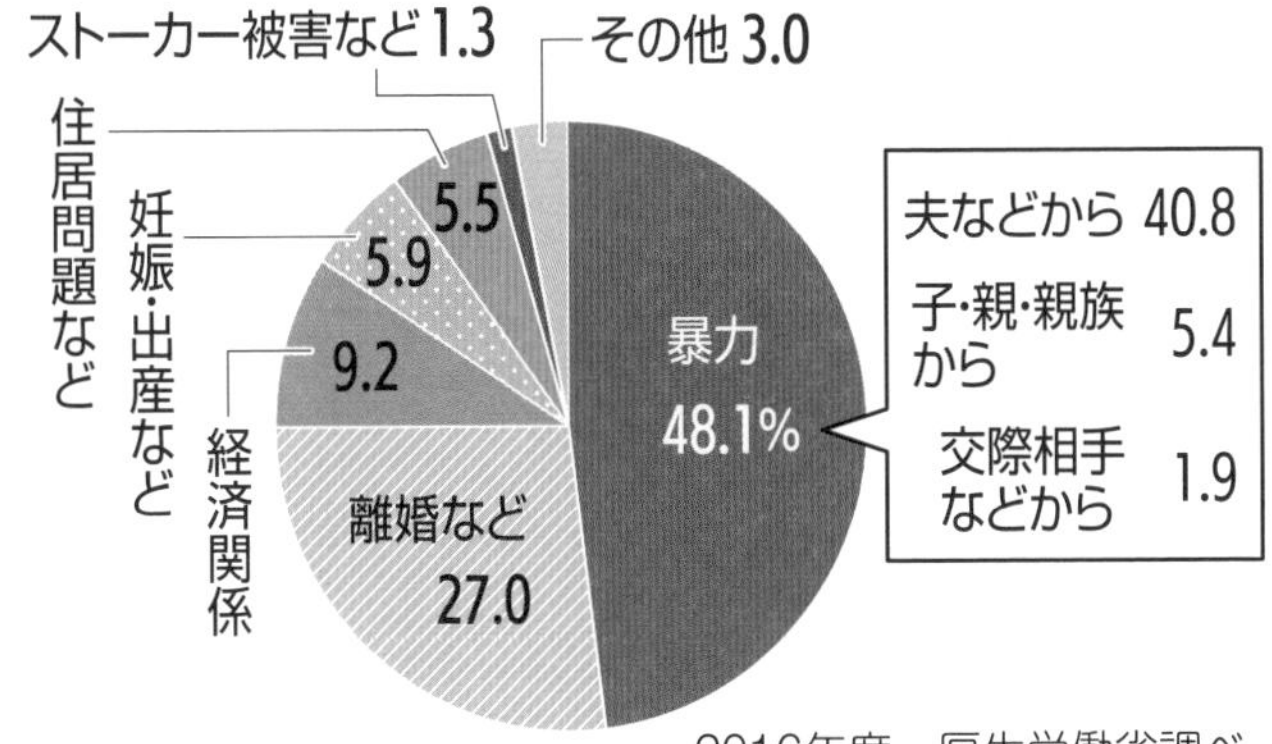

2016年度、厚生労働省調べ

「穴埋め」のはずがブラック

臨採　残業は月80時間

「学校の先生になりたい」。中学校の卒業文集に大きな字で書いた。思春期の悩みにも寄り添ってくれた恩師に憧れていた。「でも忙しさと立場の不安定さに、熱意がしぼんでしまいそうで…」。中国地方の公立中で臨時採用教員（臨採教員）として働く30代男性は疲れた声で打ち明ける。

朝7時すぎに学校に着き、授業や部活の指導を終えたら、もう夕方。それから翌日の準備をしたり、担任として学級通信を書いたり。仕事が定時で終わるはずもなく、毎日、自宅に持ち帰る。気付けば時計は夜10時を回っている。机の上の残務の山を見てため息をつく。「臨採は『穴埋め』のはずなのに、ブラックだなあ」

正教員の休職などで欠員が出た学校に赴任し、フルタイムで働くのが臨採教員だ。仕事内容は正教員と変わらない。月80時間の時間外労働はざら。面倒な業務や指導が難しいクラスを押し付けられることすらある。内心「おいおい」と思う。

でも、表情には出さない。たった1年の任期付き採用。次の年も仕事を得るには管理職の心証が大事だ。明るく笑って「はい、分かりました」と受け流す。「ポイント稼ぐぞ」と言い聞かせながら。

理不尽なのは、それでも「同一労働同一賃金」にならないことだ。正教員の6、7割ほどの賃金で働く人も多い。安く便利に使える存在なんだろう。異動の時期に新聞に名前が載ることもない。「何で先生の名前ないの？」「もしかして非正規ってやつ？」。生徒から聞かれるのがつらい。何とか踏ん張っているのは、ただ一つ、「この仕事が好き」という思いがあるからだ。

国の公務員削減の波は、教育現場にも押し寄せる。正教員は減少傾向が続く。一方で、いじめや不登校、発達障害の子どもたちへの対応など、きめ細やかな目配りが求められ、現場の負担は重くなるばかりだ。過労やストレスによる休職者も相次ぐ。そこに補充されるのは、非正規の教員。悪循環が生まれているのではないのか――。そんな見方も現場にはある。

しかも、いったん非正規のトンネルに入ると、なかなか抜け出せない。広島県の30代の臨採教員男性は、もう10年も同じような生活を続けている。

仕事量は膨大で、家には寝に帰るだけ。毎日へとへとで万年床に倒れ込む。部活が休みの週末以外は、正教員になるための採用試験の勉強をする余裕なんかない。

それでも、臨採で働ける今年はまだましだ。募集がない年は、中学校で特定の教科だけを担当する非常勤講師をしてしのいだ。当時は「非常勤講師」と書かれた名札を隠すように校内を歩いた。採用試験に受かってないと、生徒や保護者に知られるのが怖かった。夏休みも無給。複数の学校を掛け持ちしても年収は２００万円に届かなかった。

「なんか自分が飼い殺しになっている気分がするんです」。教員を目指す思いに引っ張られ、消耗する日々。「ふがいなくて、焦るばかりで。学校って夢を育てる場所なのに、夢を描けない僕らが教壇に立っていいんですかね」

企業に就職した友人たちは役職が付いたり、父親になったり。でも自分は来年度の仕事があるかどうかも分からない。教育委員会からの連絡は、いつも直前の３月下旬。携帯の着信を待ってやきもきする。「今年も首の皮一枚つながった」と、胸をなで下ろす。そんな日々からいつになったら抜け出せるのか。先が見えない。

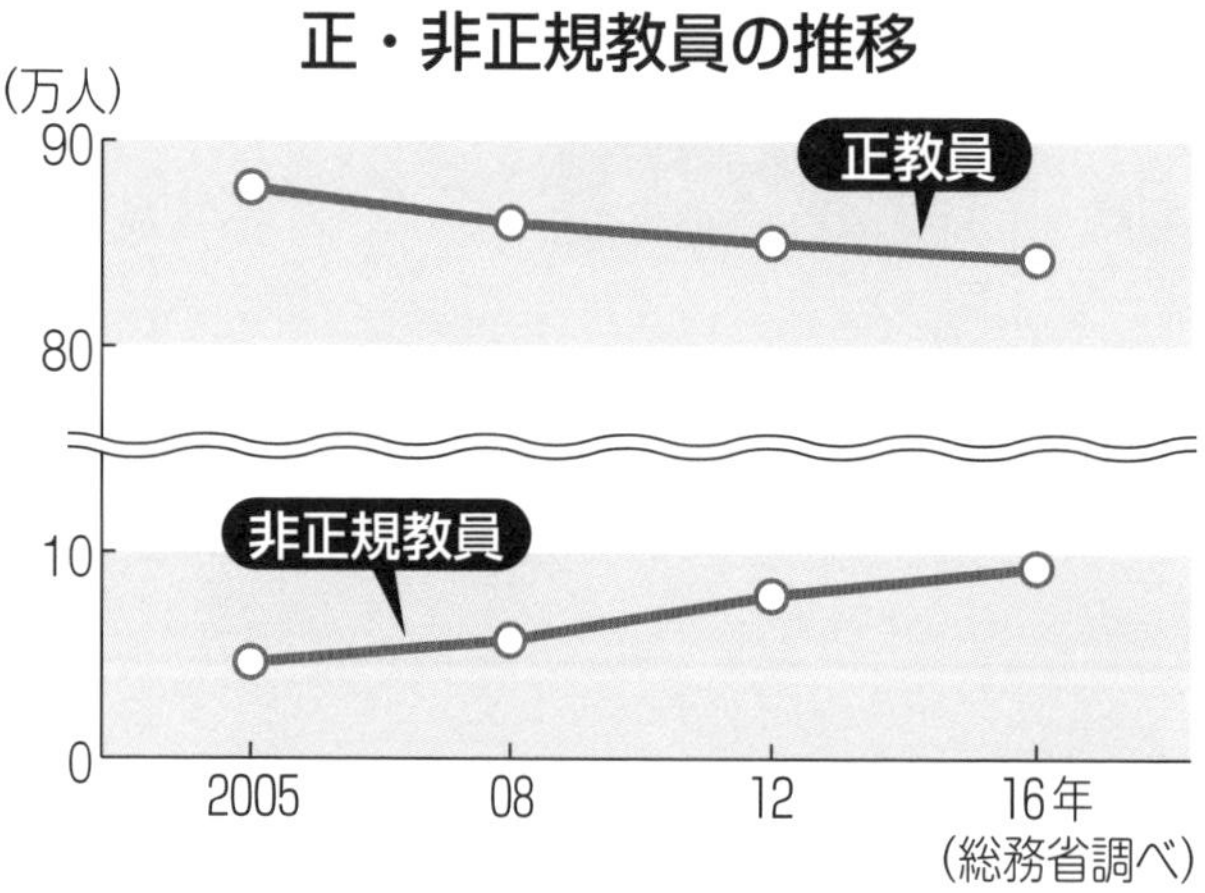

非正規教員　10年で倍

総務省の調査によると、正規採用の教員が減る一方、非正規教員は２０１６年までのおよそ10年間でほぼ倍増した。地方自治体の財政難に加えて少子化に対応するために「正規」を絞り込む一方、教育現場の多様なニーズを「非正規」で補おうとする動きが相次いだ。

授業を担当しない非正規職員も少なくない。身体障害や発達障害の子どもを普通学級でサポートする特別支援教育支援員や、スクールカウンセラー、スクールソーシャルワーカーを配置する自治体も増えている。

扶養前提？　安い「女の仕事」

ケア労働　待遇軽視

おもちゃの奪い合いの末に友達をかんだり、たたいたり。思いを言葉にできず体で表現する2歳児からは目が離せない。「嫌だったの？」と気持ちを推し量り、泣きだす子どもを優しく抱きしめる。窒息事故を防ぐため、昼寝中の呼吸も15分おきに確認する。

「これって、子どもと遊んでいるだけなんですかね」と中国地方の公立保育園で非正規の保育士として働く50代の女性はつぶやく。「私たちの仕事、ちゃんと評価されているんでしょうか」

週5日フルタイムで働いて、手取りは月15万円。生活はかつかつだ。独立した子どもへの援助もあり、預金を崩して生活する。「見合っていない」と思う。保育や介護などのケア労働は「女が家でする仕事の延長」として軽視されているんじゃないか。そんな疑念が消えない。

この女性が暮らす自治体では財政難のため、正規保育士の採用が長期間ストップした。今や園長以外は全員非正規という園も少なくない。結果的に正規保育士の負担が増える。子どもの相手に会議に書類仕事…。トイレに行くのを我慢してぼうこう炎になる人もいる。疲れ切って去る正規の穴を非正規で埋める。

「こんな状況で保育の質が保てるんですかね」と女性は不安に思う。0歳からの入園も増えている。手のかかる幼い子が増えるほど保育士はたくさん必要なのに、慢性的な不足が続く。「保育じゃなくて、単に預かるだけの『託児』になってしまう」と心配する。

保育士も、暮らしに欠かせない仕事を担う「エッセンシャルワーカー」に含まれる。コロナ禍であらためて役割の大切さに注目が集まった。「でも、子どもを預かるのは女の仕事と低く見られている」と広島県内の40代女性は言う。放課後に小学生を預かる放課後児童クラブ（学童保育）の指導員をしているが「夫に養われているのが前提の給料しかもらえない」と嘆く。

平日は毎日、昼から夜7時ごろまで働き、手取りは月12万円。キャリアは10年以上だが、4千円しか上がっていない。シングルで子どもを食べさせるために、午前中も工場などで立ちっぱなしのバイトをしている。腰痛に悩まされ「ダブルワークは体にこたえます」とため息をつく。

非正規なのに転勤まである。遠くの児童館に辞令が出ると悲惨だ。通勤に往復2時間以上かかり、持病がある息子を空腹で待たせてしまう。こんな状況だから指導員のなり手は見つからず、多くが3年以内に辞めていく。シフトを組むのもひと苦労だ。病休も取れず、体調が悪くても無理に出勤する。

共働きが増え、全国で学童に通う児童は10年で1・6倍になった。指導員2人で60人以上をみたこともある。多くの子どもが集まればけんかもするし、トラブルも起こりやすい。家庭や学校でのストレスを発散する子もいて、突然暴れたり、大声を出したり。爪で引っかかれ、物を投げられても我慢だ。抱きかかえて落ち着かせる。それでも保護者からは「うちの子が泣いて帰った」「友達とのけんかで顔に傷が付いた。ちゃんと見ていたのか」とクレームが入る。そのたびに頭を下げる。仕方ないと思いつつ、やり切れなさでいっぱいになる。「子どもを守りたいのはもちろんですが、思うんです。私たちのことは誰が守ってくれるのかって」

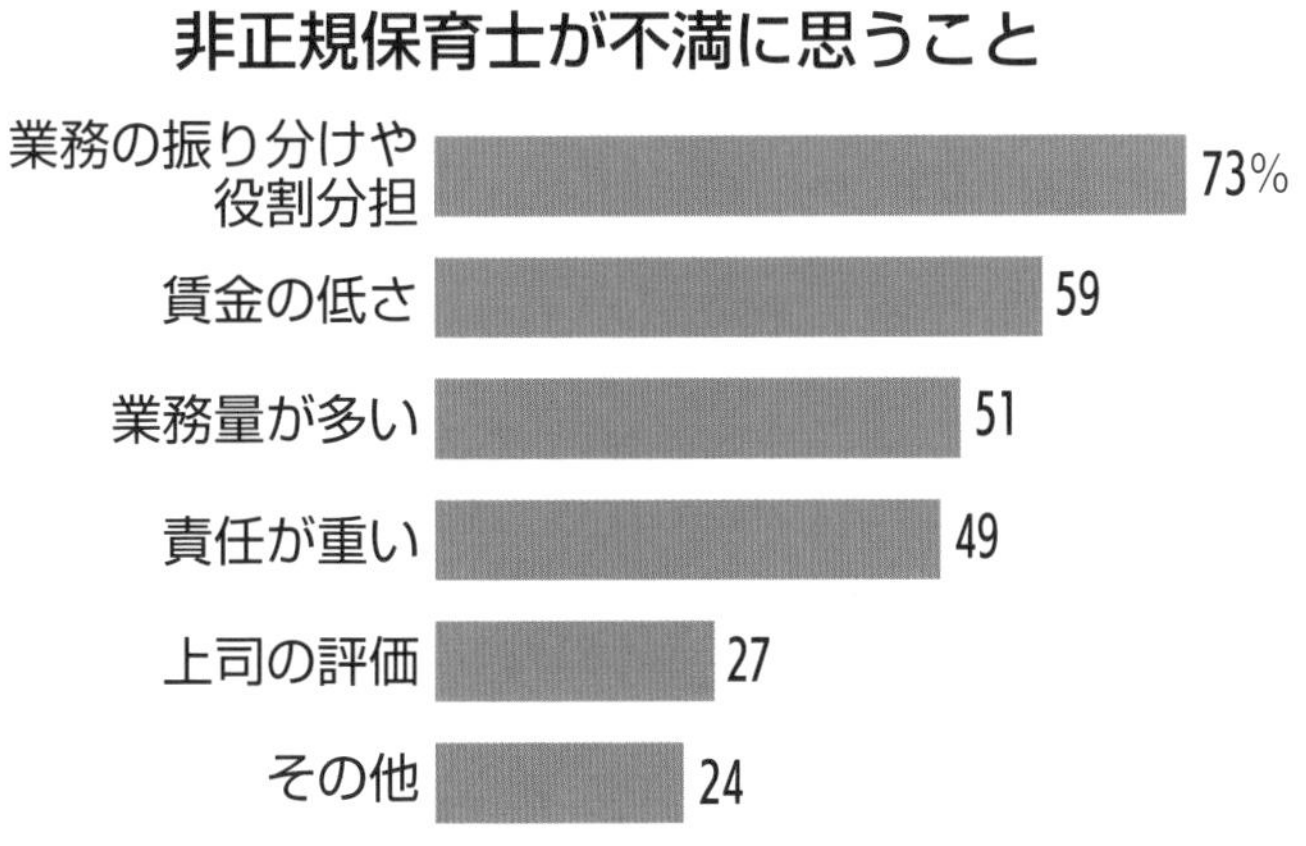

※ウェルクスによる2017年の調査を基に作成

月収　正規より10万円減

総務省の２０１６年の調査によると、公立保育所で働く保育士のうち非正規雇用の人は51％と半数を超えた。平均月収は正規保育士より約10万円低い17万４千円。待遇の悪さを理由に、結婚と同時に「寿退職」する男性保育士も目立つ。

人材紹介サービスのウェルクス（東京）が17年に非正規保育士に行った調査では、賃金や業務量への不満が目立った。「子どもや保護者にとっては正規も非正規も同じと言われ、同じ業務をさせられる」「行事のリーダーなど責任のある仕事を押し付けられた」などの声が寄せられた。

識者に聞く

雇用の調整弁となっている非正規公務員が、暮らしに欠かせない業務を任されるケースも多い。第8章のおわりは、「非正規」で公務を担う働き方の危うさや、今後どうあるべきかについて識者に聞いた。

家事的労働　無意識に軽視

広島弁護士会　寺本佳代弁護士（41）

非正規公務員の4人に3人は女性です。その背景には、女性の労働に対する軽視があります。とりわけ保育や介護、相談支援などのケア業務は典型的な「女性職場」ですが、待遇は低く、立場は不安定。1年更新が多く、いつ雇い止めになるか分かりません。

「ケア業務は軽い仕事」「女性が家で無償で担っていたような仕事に高い金は払えない」という行政の本音があり、住民もそれを受け入れているのではないでしょうか。社会全体による無意識の「家事労働ハラスメント（家事的労働への軽視と嫌がらせ）」が起きていると感じます。

例えば、相談員も安く使われています。しかし2000年以降、児童虐待防止法やストーカー規制法、DV（ドメスティックバイオレンス）防止法が施行され、役割は増しています。

現場に求められるのは、経験と判断力、法律などの専門知識です。虐待やDVの裏には貧困、孤立などが複雑に絡んでいるケースが多い。問題の根っこを見極め、行政や警察と上手に連携しなければなりません。

てらもと・かよ　広島大法学部卒。2007年に弁護士登録。広島弁護士会「両性の平等委員会」副委員長。児童虐待や性被害の法的支援に携わる。

待遇が見合わないためにやめる相談員も少なくありません。それはケアが必要な人にとっても不幸です。相談相手との関係が一度切れてしまうと再構築が非常に難しい。救えたはずの命を救えない、ということになりかねません。この現実を雇用者である行政は理解しているのでしょうか。

責任の重さに十分な対価を支払っているか。また、ダブルワークしないと生活できないような賃金の設定でいいのか。夫に養われている前提で雇うのは、もう時代遅れです。

女性たちが担うケア労働を軽んじた先に何があるのか――。低賃金では人材が集まらないので公共サービスは劣化し、貧困や虐待はより深刻になるでしょう。行政不信が生まれ「あんなものにお金を出しても仕方ない」となれば、予算が削減される悪循環に陥ります。非正規公務員が抱える課題は結局、住民生活を脅かす問題として私たちに返ってくるのです。

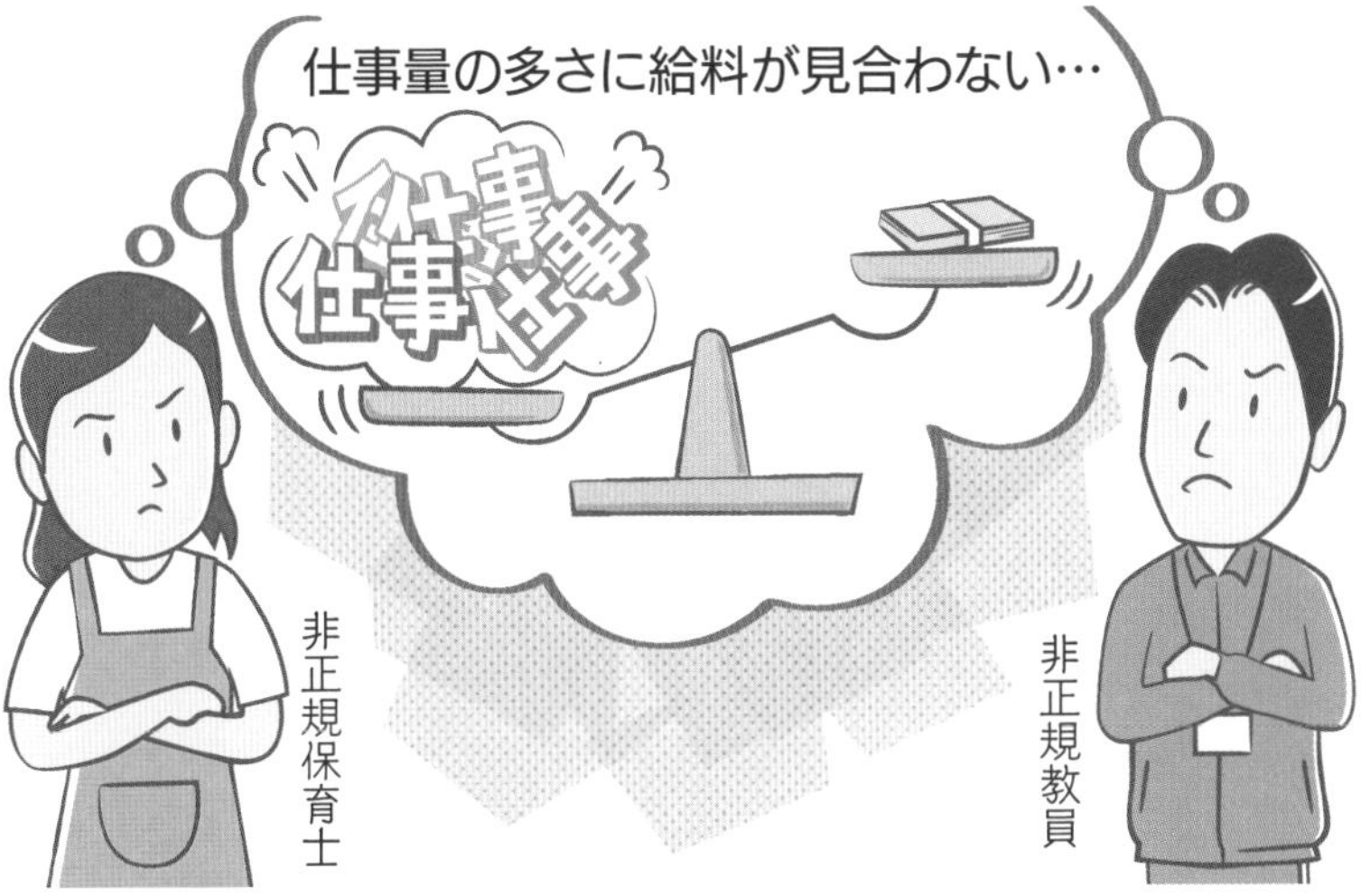

絶望的な格差　変えるとき

地方自治総合研究所（東京）　上林陽治研究員（59）

国も地方自治体も、非正規雇用の公務員の在り方を見直すときです。今後、人口がますます減り、高齢化も進みます。家庭内に埋もれていたさまざまな問題が顕在化してきているのに、正職員は削減されて手が回ら

かんばやし・ようじ　東京都生まれ。国学院大大学院経済学研究科博士課程前期修了。2007年から現職。著書に「非正規公務員の現在」（15年）など。

ない。困窮家庭の支援や児童虐待に対応する相談員ら住民の生の声に接しているのは、非正規職員が大半です。その仕事を再評価し、力をもっと生かさなければならない。

注目したいのは、滋賀県野洲市です。非正規の消費生活相談員だった女性を正職員にして、今は課長に登用しています。相談現場で培った感覚と経験を市の施策につなげるためです。

例えば、税の滞納の背景には、障害や多重債務などそれぞれの要因があります。そのSOSを相談業務でつかみ、支援メニューをそろえて提供する。すると、命を絶つ寸前だった滞納者が税を納める側に変わるのだそうです。

現場で責任のある仕事を日々担っている非正規職員のことを考えると、今の待遇はひどすぎる。平均年収は地方自治体で、正職員の3分の1に届かない200万円未満がほとんどです。

非正規だから低賃金にする正当性はあるのでしょうか。欧米で一般的な同一労働同一賃金の考え方は、常勤が8時間勤務で非正規が6時間なら、賃金は常勤の8分の6。同じ仕事をしているのに勤務時間が短いというだけで絶望的な格差を強いるのは不合理です。

夫が正職員として長時間勤務し、妻は家事や育児に追われるか、働くにしても非正規が精いっぱい――。いまだ根強い「昭和」の雇用スタイルを、もう変える必要があるでしょう。

住民が安心して暮らすには、安定した公共サービスが不可欠です。それには、多くのサービスを担っている非正規職員に、まずは仕事に見合った賃金を払わなくてはならない。私は正職員に切り替えていくべきだと考えています。働き方の模範となるべき行政が「やりがい搾取」と批判されるようでは、民間企業にも示しがつきません。

第8章　シニアの悲哀

再雇用「終わった人」なのか

人生100年時代、中国地方でも働く高齢者が増えているが悩みも少なくない。定年後の再雇用で冷遇されたり、年金を補うための職探しで門前払いされたり。想像していたのとは違うセカンドキャリアへの戸惑いがあるようだ。

第８章では、高齢ワーカーたちの悲哀の声に耳を傾ける。

畑違いの職場 視線冷たく

この頃、出社の足取りが重いのは加齢のせいだけではない。中国地方の中堅企業で再雇用の嘱託社員として働く男性（62）は、居心地の悪さを嘆く。慣れない仕事で給料は4分の1。後輩もよそよそしい。「完全に蚊帳の外。40年近く会社に尽くしても、年を取ると『終わった人』扱いです」

定年後の働き方の選択肢

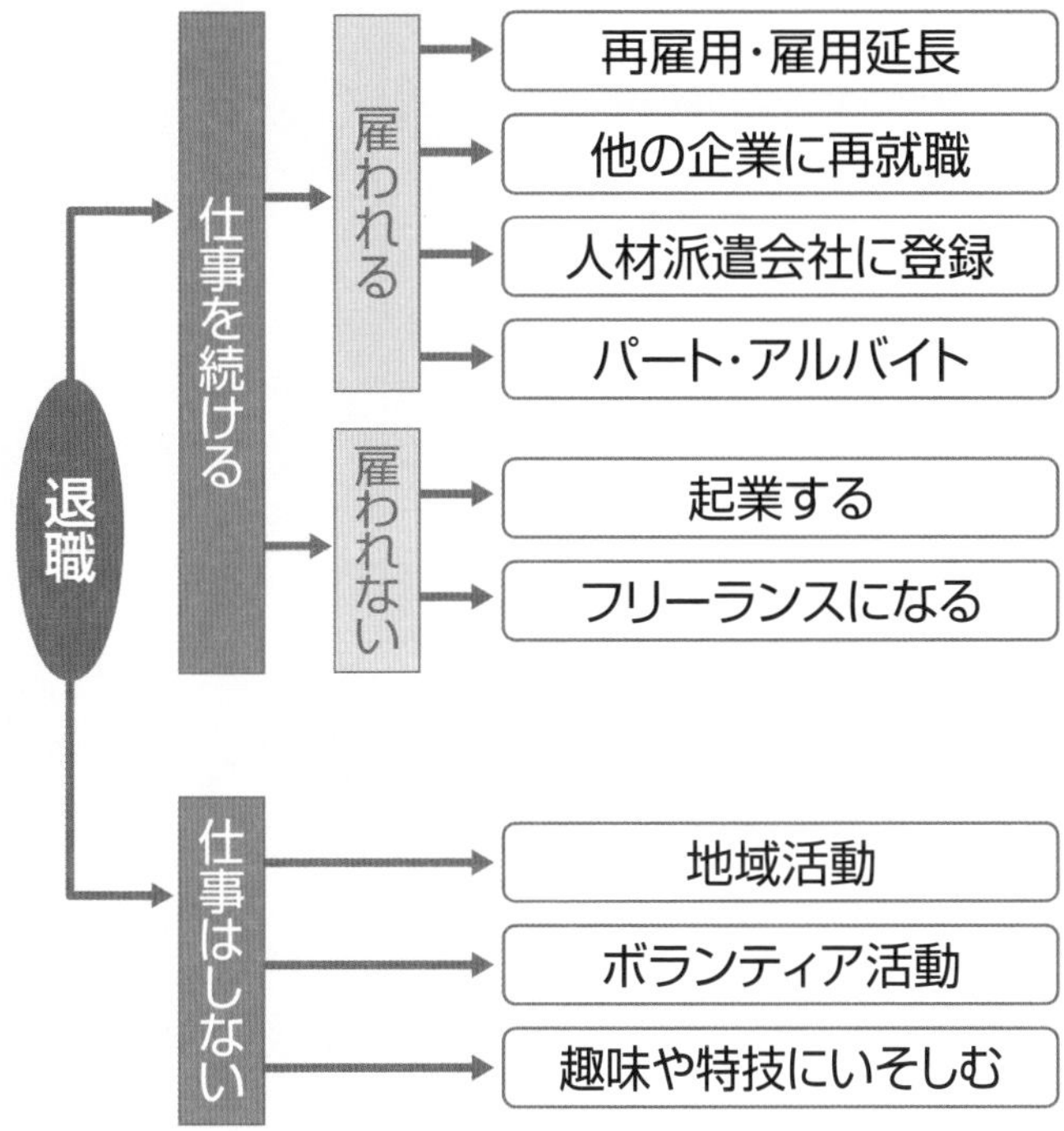

▲シニアライフアドバイザー松本すみ子さんの著書『定年後も働きたい。』を基に作成

営業畑が長いのに定年後の配属先は経験のない総務系。男性の会社では希望の職場を選べず、行き先は人事が決める。

新しく覚えることは多いが記憶力がついて行かず、老眼でパソコン画面がかすむ。凡ミスをして娘くらいの若い子から注意されるのが何とも切ない。「使えない中古人材と思われているんですかね」とため息をつく。

40代の「年下上司」との関係も微妙だ。相手はビジネスライクな態度で、雑談もない。よかれと思って自分の体験談を話すと面倒くさそうに流される。

会議や職場のメーリングリストには入れず、社内情報の共有もできない。飲み会の誘いもなくなった。定年前は同僚とランチを楽しんでいたのに、今は１人。公園のベンチで食べるコンビニ弁当は味気ない。「フルタイムだけに１日が長くて…」と苦笑いする。しかも給料は新入社員以下。最低賃金レベルの時給制でボーナスも出ない。

それでも会社に残ったのは妻の強い希望だ。住宅ローンの返済は終わったが、３人の子の教育費にお金を費やし、老後資金は心もとない。現実は厳しい。

会社はシニアを積極的に再雇用する方針だが「国の要請だから仕方なく、が本音ですよ」。聞けば人件費をひねり出すために若者の給与水準を下げるらしい。当然、彼らの不満の矛先は自分たちに向かう。針のむしろの中で、65歳まで我慢できるだろうか—。最近はパートでもいいから、社外で職探ししたいと思い始めた。

企業の側も、再雇用社員の活用に悩んでいる。広島市の大手企業の人事担当者は「ベテランの経験や人脈を生かしてほしいのですが、活躍のモデルはまだ構築できていない」と打ち明ける。キャリア形成のために「登山」をしてきたシニアたちが、定年後にどう「下山」するのか—。戸惑いや不満を打ち消す支援策を見つけられずにいるという。

そんな中、定年を機に転職の道を選ぶ人もいる。地場大手の管理職だった広島市の男性（63）は、65歳まで働ける再雇用の制度があるのに、どうしても踏み切れなかった。

仕事は、若手を補助する事務にとどまる。やはり給与もがた落ちする。「会社もシニアに期待していないんですよ」。冷たい空気を察してか、社内を見渡しても、制度を利用するのは年に数人しかいない。

「いっそ、しがらみのない職場でゼロから働く方がいい」。３年前に飛び込んだのはフルタイムの営業マン。現役の頃の社外交渉の仕事とは随分違う。１年更新の契約社員で、給与も再雇用とほぼ同じ。それでも自分の殻を破れた気がして、意欲が湧いた。

それは、リセットできたからかもしれない。これまでの肩書も経験も。新鮮な気持ちで営業に役立つ法令を学び、研修にも積極的に参加する。年下の同僚も転職者が多く、「仲間」として受け入れてくれる。「チャレンジしないといい結果はつかめない。思い切って転職して、あらためて実感できたことです」

働きぶりを評価されたのか先日、契約延長を告げられた。妻と2人暮らしで頼れる子どももいない。老老介護などの先行きを考えると「収入ゼロ」にはなりたくない。65歳を超えたら就活がさらに厳しくなるのも理解している。キャリアにしがみつかず、えり好みもしない――。この3年間、新天地で働き、「私もかなり変わったなあ」と感じている。

■シニアの就業率　※総務省の労働力調査

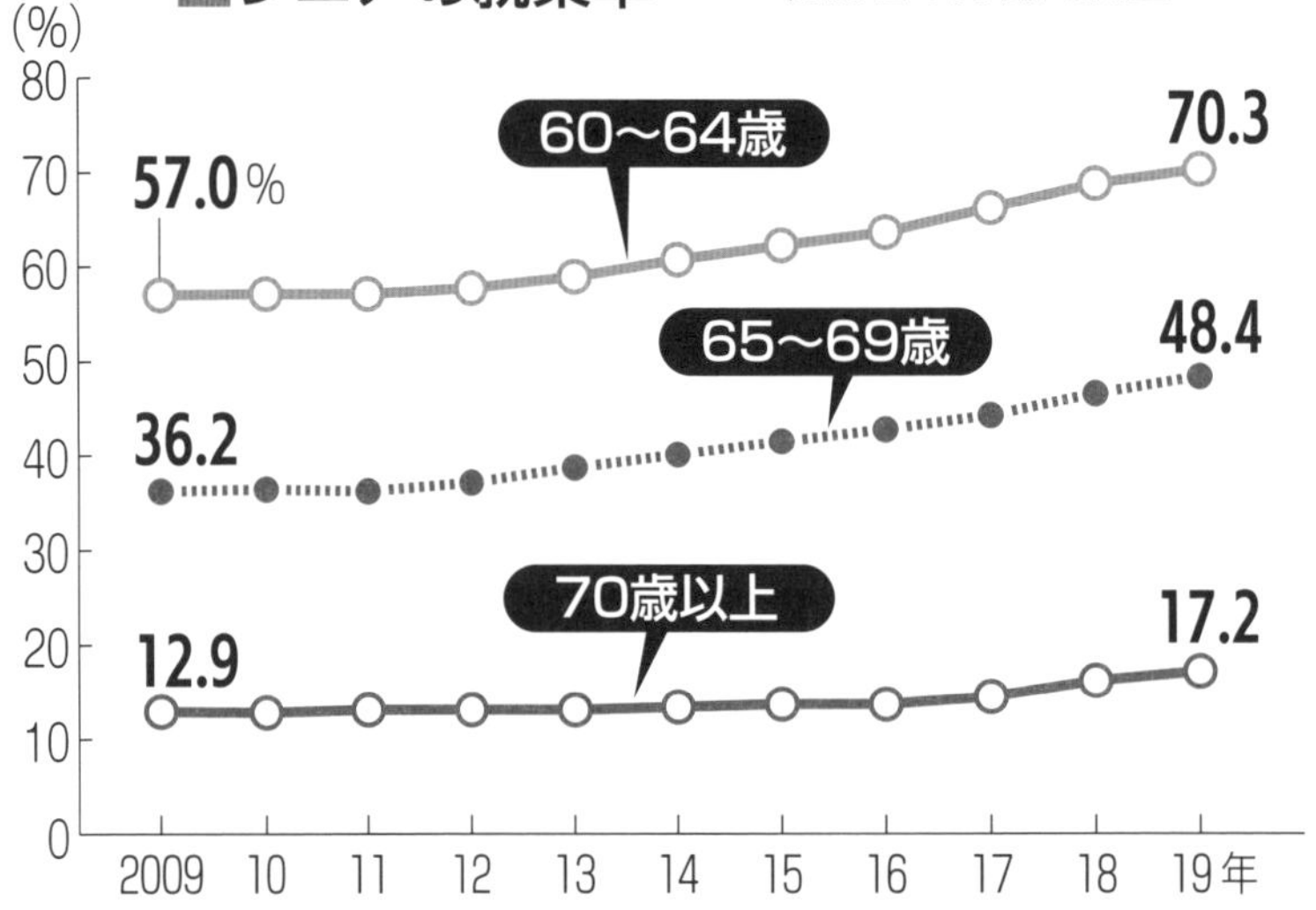

人生１００年　老後資金に不安

現役時代との給与差　不満も

10人のうち7人―。働く60～64歳の割合はこんなにも増えている。65～69歳も2人に1人が働き手。総務省の労働力調査によると、シニアの就業率は右肩上がりを描く。

内閣府の２０２０年版「高齢社会白書」では、働く理由のトップは「収入」だ。年金支給が始まる年齢の引き上げなどが進む中、日々の生活費だけでなく、老後の資金をどう蓄えるか。人生１００年時代を見据えた不安が横たわる。

「1億総活躍社会」のスローガンを掲げ、政府もシニア就労を促してきた。4月には「70歳就業法」が施行される。70歳までの雇用機会を確保する努力義務を企業に課す内容だ。労働力不足を補い、増大する社会保障費をどう抑えるか。働く元気な高齢者の「活躍」に大きな期待がかかる。

実際、どんな働き方をしているのだろう。目立つのは、定年まで勤めた会社での「再雇用」。シニア専門の人材派遣会社「マイスター60」（東京）が19年に進めた調査でも、6割以上が選択している。しかし、給与は大幅にダウンするようだ。「5割以上減った」という回答が4割近くに上るなど、現役時代からの「落差」に不満を感じている人は少なくない。

収入が落ちたとしても、「健康維持」や「知識や能力を生かす」ために働きたいシニアもいる。しかし、働こうとすると「年齢ではじかれる」「思うような職が見つからない」といった嘆きも漏れる。

人手不足の「穴埋め」のために適材適所を欠くシニア雇用は、若手との間に亀裂を生むこともある。高齢の働き手をもっと増やし、力を発揮してもらうための職場づくりは、まだ道半ばにある。

■働く理由は？

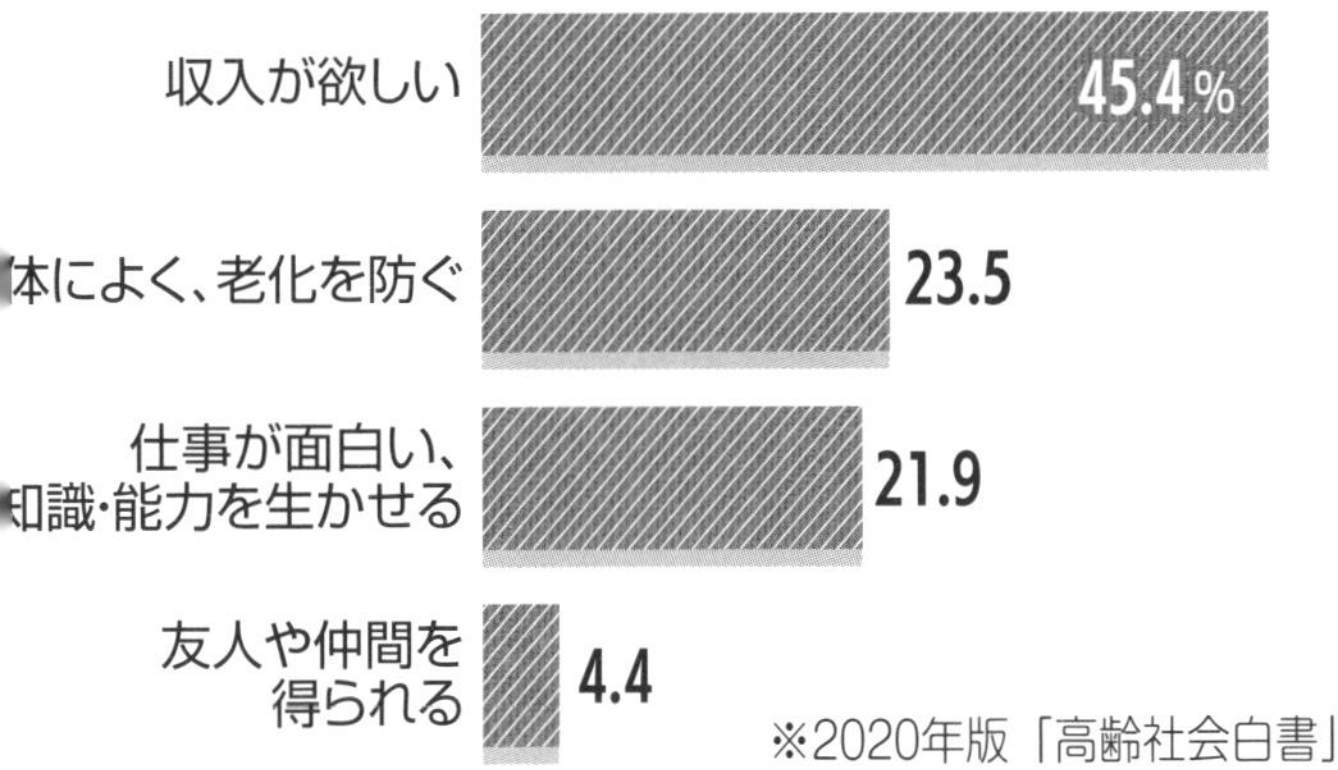

※2020年版「高齢社会白書」

■定年後の働き方は？

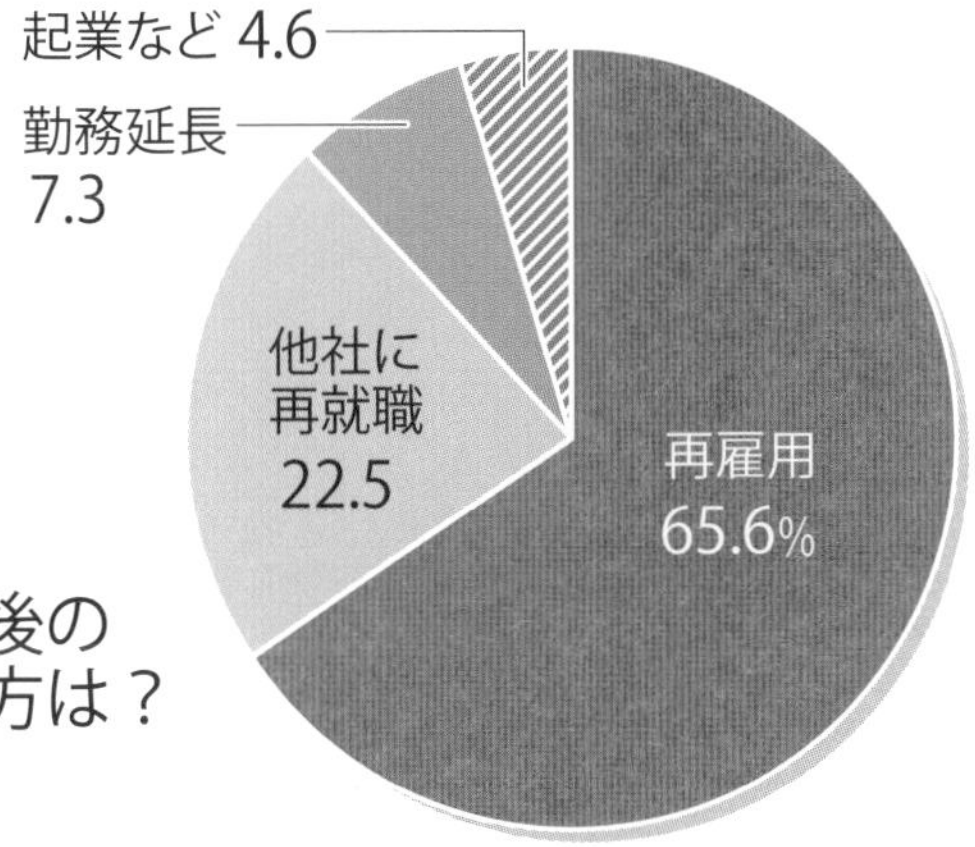

■再雇用で給与の変化は？

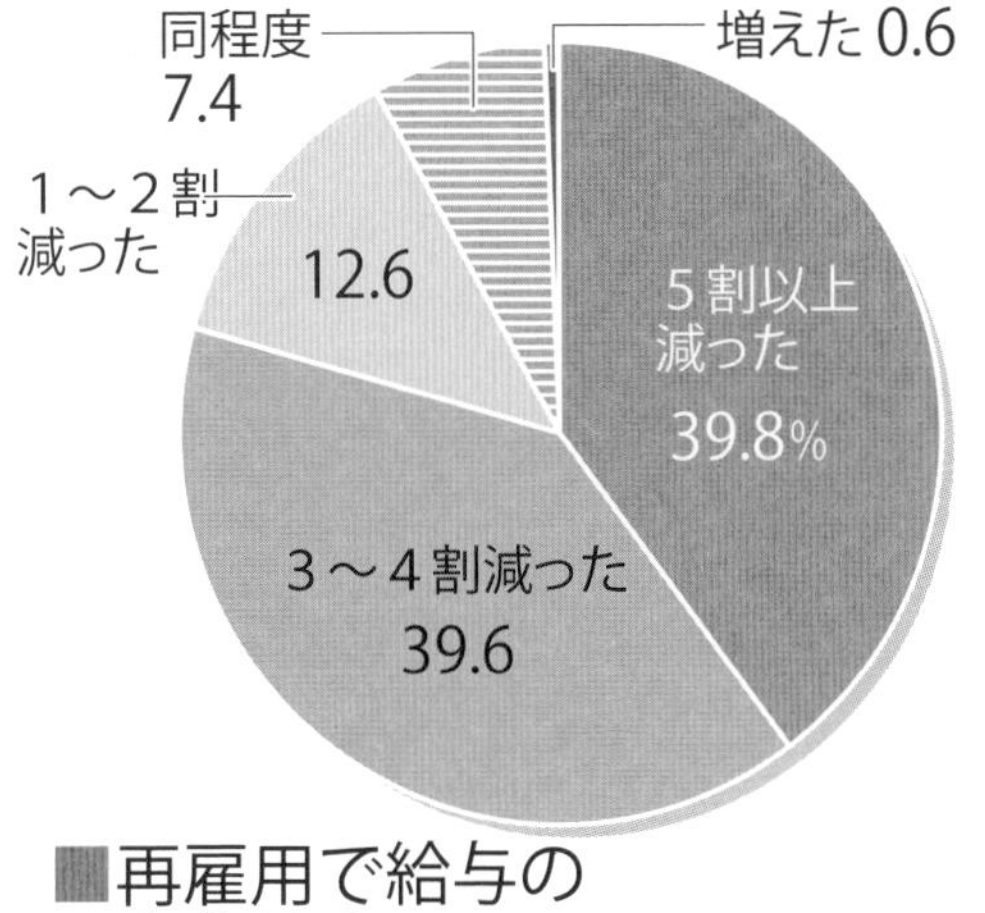

※2019年、マイスター60調べ

「65歳の壁」…仕事がない

やる気・人柄　考慮されず

近所のスーパーでパートの面接を受けたら、なんと「認知症テスト」をさせられた。「まだ66歳なのに。あぜんとしましたよ」と広島市の無職女性は悔しそうに振り返る。

それが結構難しい。３種類のペーパーテストは、それぞれ１００問近くもある。５桁以上の数字の計算もあれば、記憶力を問うものも。解くのに1時間かかった。担当者がストップウオッチを手に、解く速さと正確さをチェックする。

どうも釈然としないのは、何のためのテストかということだ。高齢者を体よく門前払いするためで「はなから採用する気なんてないんでしょう」と女性。この店ではパートは70歳まで雇うと聞き、自分にもチャンスがあると期待したのに…。案の定、不採用で、1週間後に履歴書が送り返されてきた。

65歳を過ぎると働き口が一気に減る。求人票には「年齢不問」とあっても、現実には「65歳の壁」が高く立ちはだかる。女性がパートに応募すると、どこも年齢を告げた瞬間に「うち65歳までなんで」とむげに電話を切られた。「1歳年を取っただけで、ここまで扱いが違うなんてねえ」。やる気や人柄で判断してもらえないのが悲しい。

長年勤めた会社を2020年に退職した。年金はそこそこあるが、ぼけたくないから元気なうちは働きたい。毎日、自宅マンションの階段を3往復し、買い物の道も遠回りして健康維持に努めているのに、相手にしてもらえない。

コロナ禍の中で、仕事の奪い合いも激しくなっている。ようやく見つけた野菜加工のアルバイト先では、シングルマザーの中年女性から「私のシフト奪わないでよ」と敵視された。「とろい」「物覚えが悪い」といびられ、「年金暮らしの気楽な老人は働く必要ないでしょ」と嫌みを言われ…。ついに心が折れて辞めた。

生活が苦しい彼女の事情も分かる。でも、働いて生きがいを持つことも疎んじられる。「年を取るって損ですね」

広島市シニア応援センターで就労支援に当たる町田陽一さん（63）も「仕事のマッチングは難しい」と感じている。望みの職種や勤務形態、スキルなどの持ち味は人それぞれ。「雇う側も一人一人をもっとよく見てほしい。だけど実際にはまだまだ」と明かす。求人の年齢制限も原則禁止だが、いまだ根強く残る。

広島県西部に暮らす男性（68）も半年ほど、聞こえのいい「年齢不問」の求人文句に振り回された。求人雑誌をめくり、電話をかけても「お断り」ばかり。めげそうになった時、ふと思い付いたことが、仕事を得るきっかけになった。

純粋に高齢者を求めている雇い主がいるんじゃないか—。「それなら若い人たちとも競合しない、と考えたんです」

早速、近くのハローワークへ。「65歳以上歓迎」をうたう求人がないか尋ねると「あった」。刷りだしてもらった紙には数十件が並んでいた。ただ、求める仕事ばかりじゃない。夜勤の警備は体にこたえる。送迎車の運転は短時間すぎる。週5日働いて日当5千円くらいという条件で探し、2020年末にようやく決まったのがマンション清掃のバイトだった。

「一時はどうなるかと焦りましたよ。こっちは稼がないと生活が厳しいんだから」。妻は体が弱く、独身の娘も無職。年金は家賃や食費に消え、収入がないとやりくりに困る。２０２０年夏まで製造業のバイトをしていたが、コロナ禍による業績不振を理由にあっさり解雇。先を考えると不安で仕方がなかった。

「70歳も近い。次の職探しはもっと大変になると思う」。やっとつかんだ清掃の仕事を少しでも長く続けたい。気掛かりは、体を崩して休みがちになるだけで解雇されないか。「健康管理には気を付けないと。この年齢になったら一日一日が勝負です」

シニアに人気の仕事ランキング

男性	女性
1位 オフィスワーク	1位 オフィスワーク
2位 軽作業・製造・清掃	2位 販売・接客・サービス
3位 警備	3位 軽作業・製造・清掃
4位 営業	4位 医療・介護・福祉
5位 販売・接客・サービス	5位 教育

※マイナビミドルシニア調べ

オフィスワーク希望　１位

シニアが希望する仕事ランキングの1位は男女ともに「オフィスワーク」。就職情報サービスのマイナビミドルシニア（東京）が２０１８年に実施したアンケート結果だ。重労働ではなく、働きやすいのが人気の理由。ただ、若い世代を含めて高倍率の職種で、採用をつかむのは難しい。

男性では、上位に軽作業や清掃、警備が挙がる。経験をさほど求められず、採用されやすいという。女性では販売や接客が2位にランクイン。自宅近くのスーパーやコンビニなど、通いやすさも魅力のようだ。

男女ともに2位以下の多くは人手不足の仕事。女性で4位の介護職もそう。しかし、実際に働いてみるとシニアには「きつい」と感じ、早々に退職してしまうケースも少なくない。

部長の肩書　捨てられず

上から目線モーレツ自慢

初対面の自己紹介。65歳の「新人男性」から配られたのは前職の名刺だった。肩書は「部長」と書いてある。広島県のメーカーで働く60代女性は「いったい何のため？」と驚いた。「正社員時代の意識が抜けないのかな。面倒くさそう」。自分は格上だとマウントされたように感じた。

男性はある中堅企業の出身で、定年後の延長雇用を経て契約社員として入社した。見た目は温厚そうだが、腕や足を組んで話す癖が気になった。案の定、しばらくすると、製造現場のパート女性たちを見下し始めた。

仕事の手順を教えても、「パートのお

ばちゃんに聞きたくない」とでも言いたげな態度で生返事。プライドが高いのだろう。作業のミスを指摘するとふてくされた。謝りもせず「説明が悪いんだよ」と言い訳ばかり。そのうち名前を呼んでも返事もしなくなった。

揚げ句にかつての経験を振りかざし「こんな常識も知らないのか」「意識が低いから効率が上がらないんだ」とネチネチ。管理職時代を引きずった「上から目線」に女性たちは引いた。「前の会社では――」との自慢話もうっとうしかった。

平和だった職場の雰囲気は悪くなり、辞める人も出た。「私たちを自分の部下と勘違いしているんでしょうか。『老害』ですよ」と振り返る。一方で、少し気の毒にもなった。「上下関係でしか人と付き合えないんでしょうね」。男性は孤立し、結局、退職した。

ビジネスの第一線にいた現役時代と定年後のギャップに耐えられないのだろう。「過去の肩書」を持ち出して心の安定を得ようとする「元管理職」は少なくないようだ。

そんなシニアに若者も困惑する。流通企業で働く岡山市の男性（33）は、出向先で60代の男性に振り回された。もともとは関連会社の管理職で、定年後に転籍してきた。事務を担当しているのにデジタル機器に疎くて、派遣社員の女性に頼りきり。私用スマホの設定すら丸投げしていた。

他人の時間を奪っている自覚はない。自分の指示で動くのが当然、という管理職気分が抜けないようだ。そして話がやたら長い。昔の武勇伝や「賞味期限切れ」の仕事論に付き合わされる。ばったり会うのが嫌で、違う階のトイレを使うようになった。

古い価値観の押し付けも苦痛だった。帰宅を急ぐ若手を捕まえては「俺は月150時間残業していた。人間、無理してこそ見える世界もある」と「モーレツ自慢」。新婚の後輩に「女の子は家庭に入るのが幸せ。働いてたら旦那に捨てられるぞ」と言い放ち、職場を凍り付かせたこともある。

年功序列の「タテ社会」では、役職が上がるにつれて部下からかしずかれることに慣れてしまうのだろう。「管理職の肩書があるからチヤホヤされていただけで、本人が尊敬されていたわけじゃない。それに早く気付いてほしい」

当事者の元管理職にも悩みはある。中国地方の医療関連企業でシニア社員だった男性（67）は、良かれと思った言動が曲解されることを嘆く。元部下を立てることを心掛けていたつもりだが、熟知した仕事ではつい助言したくなる。

「そのやり方じゃ取引先は納得せんだろうね」「俺なら方針転換する」と言ったことが相手には駄目出しに映ったらしい。「上から目線でやりにくい」「成功体験の押し売り」と上役に告げ口されたこともある。加齢で口角が下がり、眉間にしわが寄るのも威圧感を持たれたようだ。「古くさい昭和おやじは迷惑な存在なんでしょうね」。「愛されシニア」への道は険しい。

「老害」度チェックリスト

- ❶ 現役時代の自慢話を盛って話す □
- ❷ 昔の部下や後輩に命令口調で話す □
- ❸ 仕事を自分流で進めたがり、若い世代のやり方にも口出しする □
- ❹ デジタル技術に疎く、エクセルなどの資料作成を人にやらせる □
- ❺ 任された仕事を「経験を積むために若手にやらせた方がいい」と押し付ける □
- ❻ 自分中心で、人が話している時に「私はー」と口を挟む □
- ❼ 「今更新しいことは学びたくない」と言う □
- ❽ 「給料が半減したから仕事も半分しかしない」と、やる気を疑われる発言をする □
- ❾ トラブルが起きても皆で解決しようとせず姿を消す □
- ❿ 自分で言い出したことを忘れる。注意されると逆ギレ □

チェックリストを作ったのは中央職業能力開発協会（東京）でシニア研修の講師を務める泉田洋一さん（59）。三つ以上該当すれば「予備軍」、半分以上は「重症」という。

「愛されシニア」になるポイントは「自慢話より、失敗談を話すこと」。何が悪かったのか、どう克服したかを若手は学べるし、親しみを感じやすくなる。雑用をさりげなく引き受けるなど、職場の負担を減らす気配りも重宝されるという。

第9章　新しい働き方

令和流パラレルキャリア

長時間労働やハラスメントなど、これまでのあしき慣習を見直そうという機運が高まっています。その中で、注目されているのが「パラレルキャリア」です。本業を持ちながら社会活動を行ったり、兼業したり――。

人生をより豊かにする働き方とはどんなものなのか、考えてみませんか？

働き方改革・人材コンサルタント 藤原輝さん（48）＝広島市＝に聞く

「パラレルキャリア」を簡単に言えば「会社とは別の世界、役割を持って豊かに生きる」ことです。会社員の傍らネットショップを運営する、ＮＰＯに勤めながら大学院で学ぶ――など、２枚目、３枚目の名刺を持つイメージでしょうか。

お金を得ることだけが目的ではありません。趣味を極めたり、町内会や災害ボランティアに参加したり…。育児や介護などの社会活動全般も含みます。互いの仕事を社内でシェアし、職域を広げることも小さな「パラレル」です。

人生１００年時代。仕事以外の世界がないと、長い老後を無為に過ごすことになりかねません。ＡＩ（人工知能）の進化で、私たちが今まで担ってきた仕事が奪われることも考えられます。安定した雇用が保障される時代は終わりました。

昭和のサラリーマンに象徴される一本道の「単線出世型」では、仕事を失った時に空っぽになってしまう。これからは、年を重ねるごとにできることを増やし、役割を横に広げていく「らせん階段型」（次ページ参照）の人生が理想です。

そのための一歩を踏み出しませんか。社外の人と過ごすことで視野も広がります。活動で得た発想や人脈が本業にも役立ち、相乗効果を生むケースも少なくありません。「雇用」から「キャリア」の時代へ――。まずは興味を感じる活動を探してみてはどうでしょう。

この先どうしよう頑張ってきたのに…
★定年退職
ここまで来たぞ！
疲れちゃった…
階段が狭くなっていく…
単線出世型
★新卒一括採用

▲上への一本道　どこかで脱落

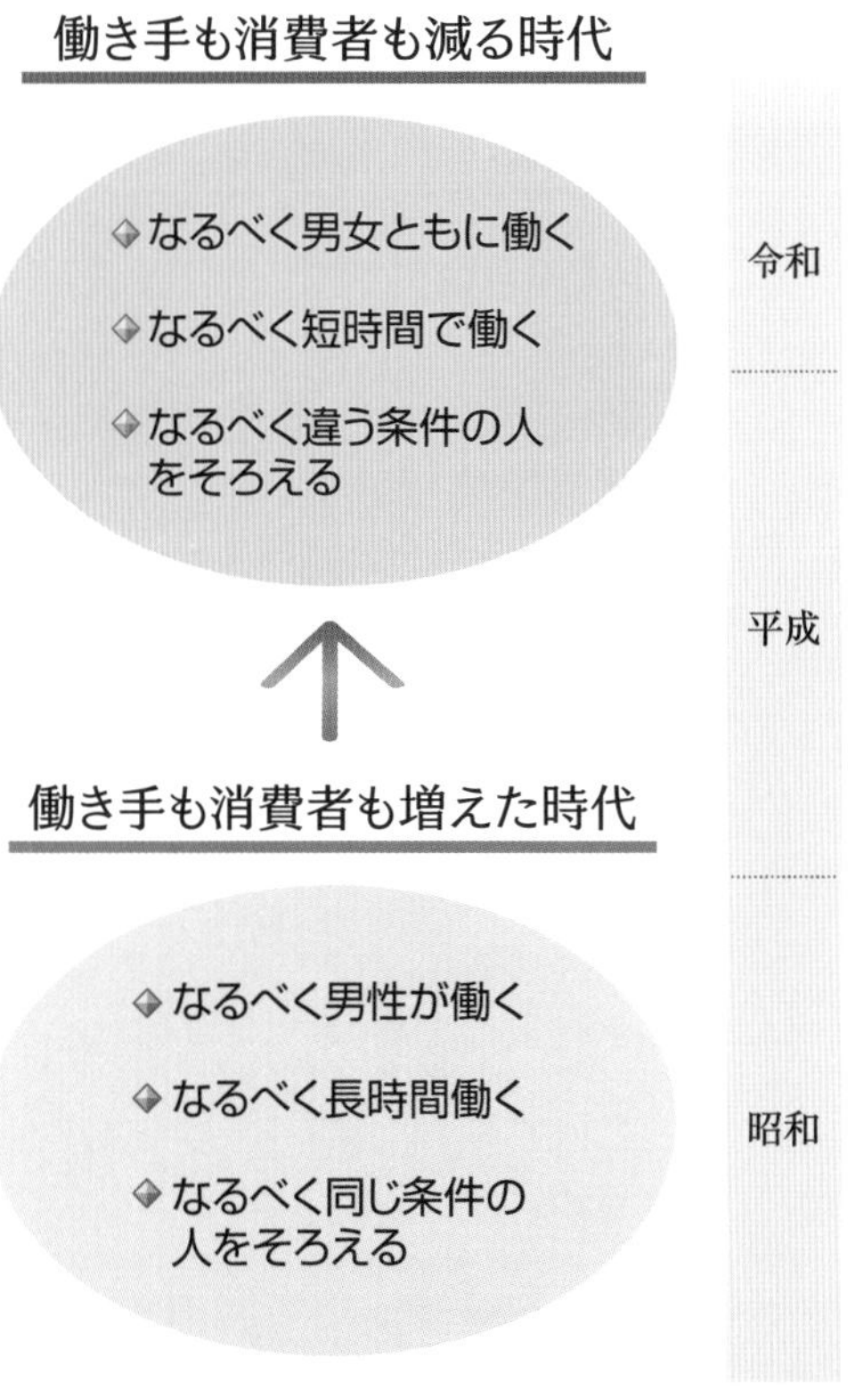
働き手も消費者も減る時代
なるべく男女ともに働く
なるべく短時間で働く
なるべく違う条件の人をそろえる
令和
平成
働き手も消費者も増えた時代
なるべく男性が働く
なるべく長時間働く
なるべく同じ条件の人をそろえる
昭和

▲一つだけでなく　さまざまな自分の世界

新時代のお仕事スタイルは？

ドラマ「わたし、定時で帰ります。」
原作者の朱野《あけの》帰子《かえるこ》さん（40）

自分の中に「プロデューサー」を

――令和の時代の働き方に必要なことは何でしょう。

「量より質」の時代が来ています。とはいえ「質より量」の人はまだ大勢いるので、負けないように私は自分の中に「プロデューサー」を育てています。読者が求めているものをしっかり考えて、強みが生かせない仕事を断るようにしているんです。その結果、最短距離で完成度の高い作品をつくることができるようになりました。働き方改革も進めています。仕事は平日の午前9時～午後6時でこなし、週末は家族との時間です。しっかり休んだ分、モチベーションも上がります。友人と会う機会も増えて、作品のヒントを得ることもある。クリエーティブな仕事には心の余白が大切です。

長時間働くことと「いい仕事」の間に因果律はないと思います。事実、出産直後で時間がない中、工夫を凝らして書いた「わたし、定時で帰ります。」は私の作家人生で最大のヒット作となりました。

あけの・かえるこ　東京都生まれ。早稲田大卒。会社員を経て2009年デビュー。18年のお仕事小説「わたし、定時で帰ります。」（新潮社）がヒット。

—専業作家になってしばらくは長時間労働だったそうですね。

仕事を無尽蔵に引き受けて過労状態でした。「売れるものを書かないと作家として生き残れない」と自分を追い込み、朝昼晩、執筆に没頭して。体調は崩すし、イライラして娘にもつらく当たってしまって。がむしゃらに働くばかりでは、家族を幸せにできないと気付きました。

—どうして「過労体質」だったんでしょう。

私は就職氷河期世代で、仕事は苦しいものだとすり込まれています。就活では選考に落ちるたび、「不要な人間」と烙印《らくいん》を押された気がしました。何とか小さなマーケティング会社に入った後も、「死ぬ気で頑張らないと会社にいる資格はない」という恐怖心が付きまとって。

1社目を辞める前はITバブルで、仕事が激増していました。早朝4時に東京で会議が終わった後、朝10時に大阪出張する日もあって。「採用してもらった会社に奉仕しなければ」と思い込んでいたんです。長時間働く自分に酔っている部分もあったと思います。会社がブラックじゃなくても、社員がセルフブラック化してしまうこともあります。「この働き方、本当に正しいの?」と冷静に考える視点が必要です。

—「わたし、定時で—」にも、仕事を休まないことが信条の女性が登場します。後輩にも同じ働き方を求めて煙たがられていました。

彼女も氷河期世代。「仕事は無理をしてでもやるもの」という考えです。でも今の若者は私たちより合理的です。

ブラックな企業にも就職しません。就活した年の経済状況で、仕事に対する考え方が全然違うんですよ。私たちは昭和流の働き方を知る最後の世代で、犠牲者でもあります。だからこそ、「負の部分」を次の世代に引き継いではいけないと考えています。

氷河期世代は会社を信じていない人が多い。かつて勝ち組と呼ばれていた大企業も安泰ではありません。社会の勢力図がどうなるか分からない時代は、会社の外にも人生の軸を持って生きた方が心強いです。どう働けばいいか、どう生きればいいか。ゆっくり考える時間のある休みなどに、自分のプロデューサーを育ててみてはどうでしょう。

「腕っこきの小さなプロ」になろう

かつて「モーレツ社員」だった県立広島大大学院の木谷宏《きたにひろし》教授（60）＝人事管理論

――長時間労働などの見直しが進んでいますが、働く私たちは何から取り組んでいくべきでしょうか。

まず、考えてほしいことがあります。どんな雇用形態や仕事であっても、自分が「腕っこきの小さなプロ」として胸を張れるかどうか。

特にサラリーマンは、プロじゃないと思っている人が多い。専門性や技術を高めるには努力と研さんを積み、高い倫理観も身に付けなきゃいけない。その緊張感がこれまで足りなかったように感じます。朝から夕方まで会社にいたら給料が自動的に入ってくる働き方は、もう時代遅れです。

きたに・ひろし　呉市生まれ。東京大卒。大手食品企業に勤め、2008年に退職。麗澤大教授などを経て16年４月から現職。博士（経営学）。

―令和の新時代、働き方が変わるとすれば、どんなイメージになりますか。

キーワードは「パラレルキャリア」です。一つの会社に収まらず、複数の企業に勤めたり、地域活動を掛け持ったりして、人生とキャリアを豊かにしていく。働く場所も柔軟になるはずです。ネット上で世界中の人とやりとりできるし、自宅もオフィスになります。

―政府が掲げる「1億総活躍社会の実現」はうまくいくでしょうか。

総活躍してお金をもうけろっていうところが見えちゃっているので、どうかなと思っています。目指すべきは、一人一人に役割があって安心して働ける場所があるかどうか。人口が減る、人手が足りないと騒いでいますが、仕事にすべてをささげられる人しか働けないような職場、あるいは劣悪な条件の職場が多い。発想の転換が必要です。

子育てや通院などで100の力を仕事に傾けられなくなる人は少なからずいます。こうした制約がある人も、やりがいを持って活躍できるようにしていく。ただ、力を出せない分、賃金は下がります。「報酬＝お金」のこだわりを改めないといけません。

働き手も企業も報酬について新たな考え方を持ってほしい。一つは安心して子育てなどができる「時間」の報酬。もう一つは仕事を辞めずにすむ「キャリアの継続」という報酬です。

―そんな考え方がこれから広まるでしょうか。

いい会社に入り、いい給料をもらうという価値観を捨てるのは簡単じゃない。それに今までは24時間365日、無制約で働ける人しか受け入れてこなかった。いわゆる「おじさんのパラダイス」でしたから。

私も企業に勤務していたころは、絵に描いたような「モーレツ社員」でした。帰宅は夜の10時、11時が当たり前。子育てなどは妻に任せて。社長に手が届くポストまできた時、はたと思ったんです。一つの企業で上り詰めるのが素晴らしいのか、それより人生や家庭ではないかと。そちらに心がぐっと向きました。

ただワークライフバランスについては「楽をさせただけ」に終わっていないかという指摘もあります。仕事はそう甘くない。短時間勤務であっても責任を放棄し、スキルアップを怠れば、その人の居場所はなくなってしまう。

大切なのは、自分や会社はもちろん、地域や社会のために何ができるか。強みや持ち味を磨き、仕事や生活の中で生かしていく。だからこそ「腕っこきの小さなプロ」になってほしい。これは時代を問わず、求められることです。

週休３日　「手抜き」の幸せ

広島のパン店「ドリアン」　田村陽至《ようじ》さん

「すてきな手抜き」で、働き方改革を進める広島市のパン店「ドリアン」のオーナー田村陽至さん（43）。2020年の年明けから、働く時間をさらに短縮する「実験」に取り組んでいる。目標は週休3日。おいしいパンを作って喜んでもらい、ゆとりを持ってニコニコ暮らす―。日本を明るくする「幸せな働き方モデル」を模索中だ。

質と量を厳選　良い品を安く
余暇は発酵の勉強や育児に

田村さんが焼くのはハード系のパン。「万人受けはしない」と言うが味わい深く、熱心なファンが多い。週3日営業だった広島市中区八丁堀の店舗は、2020年から週2日営業になった。パンを焼く日や定期購入客への発送も含め、働くのは週4日。日数を減らす代わりに、1日に焼くパンの量を増やし、売り上げを維持する。

これまで週6日の午前中だけ働き、午後はオフだった田村さん。人に会ったり、ブログの更新をしたりしていたが、ステップアップのために挑戦したいことが無限にある。だからこそもっと「手抜き」が必要だった。週休3日になれば、小麦や発酵の勉強、後進の指導に充てる時間を増やせる。2019年夏に生まれた長男の子育てにも力を入れたい。

パン作りを学びに来る若い研修生にも影響された。20代の彼らは、週4日働いて食べていけると判断すれば、残り1日は趣味などに充てるという発想。「だったら週4日労働でも成り立つビジネスモデルを作ってみよう」と考えた。

田村さんの手抜きを支えるのが、南区の工房にある手作りの石窯だ。2年前に新調した。奥行き4メートル。窯を大きくすることで、1日分の販売量に当たる約100個を1回で焼けるようになった。以前の窯の3倍だ。さらに効率を上げるため、2020年からは木・土曜に2日分のパンを焼く。

朝4時。石窯の火入れから作業は始まる。2時間ほどまきを燃やして窯が熱くなったら、前日に仕込んだパン生地を窯の中へリズム良く入れていく。焼き上がるまでに、翌日の仕込みや事務仕事をこなす。注文や仕込みの量はパソコンで管理。全て手書きでやっていた頃と比べると、かなり時短化された。

パンも4種類が基本だ。1、2キロのずっしりサイズ。種類を絞り、大きく成形すると作業が単純化できる。具を入れていないので日持ちもする。

「手抜き」の代わりに材料はべ

田村さんの働き方の変遷

2004年 猛烈に働く

実家の「ドリアン」を継ぐ。夜10時から翌日夕方まで、たくさんの種類のパンを寝ずに焼く。多くのスタッフを維持するためのコストがかさみ、利益は出ない。売れ残ったパンを廃棄する日々にもやもや

2012年 「手抜き」を学ぶ

1年休業し、欧州へパン修業。職人たちが働くのは午前中の数時間。生地を切るのも機械任せだが、良い素材を使って焼いたパンは抜群においしかった

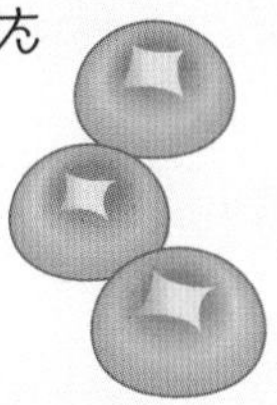

2013年 「手抜き」実験

帰国し、店を再開。作るパンの種類を絞り、材料を国産有機栽培の小麦粉に。週3日の午後だけ店を開き、パンを焼くのは朝4時から11時まで

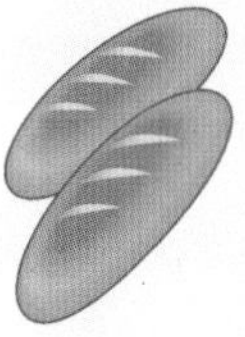

2020年 「手抜き」が進化

働く日数と店の営業日をさらに減らす。滑り出しは順調

ストのものを選ぶ。貴重な国産有機栽培の小麦粉で作ったパンは抜群においしい。「だから大目に見てもらえる。労働時間が減って、お客さんも安く買える。みんなハッピーです」

朝11時、八丁堀の店舗にパンを届けて仕事は終了。1日7時間。かつての半分以下だ。

この発想は8年前、本場・欧州のパン修業で生まれた。1年滞在し、猛烈に働いていた自分のおかしさに気付いた。現地では実力店でも職人が働くのは午前中だけ。シンプルな製法なのに味も価格もかなわない。店側も客も、多少形がふぞろいでも、焦げ目が付いていても気にしない。そんな適度な緩さが心地よかった。

「日本人は百点満点を目指そうとあくせくし、消耗している。本来は80点でも豊かに生きていけるんです」と田村さんは言う。わざわざ物事を複雑化して、自分の首を絞めているように感じる。見た目の精度を追求しすぎたり、クレームに過剰反応したり…。

それでは、働き手も社会も疲れ切ってしまう。「だからほどほどに働いて、最終的においしいものができればいいって思うんです。力を抜けば心に余裕ができて、優しくなれる。好循環が生まれますよ」。シンプルな働き方はどこまで進化するのだろう。

売り上げ増　あえて目指さない

ランチ100食限定の定食店経営
中村朱美《あけみ》さん

「午前9時から午後5時まで働いて、家族4人で毎日夕食を食べる」。そんなシンプルな願いをかなえるため、京都の定食店「佰食屋《ひゃくしょくや》」オーナーの中村朱美さん（35）は、あえて「売り上げを減らす」ビジネスモデルを実践する。2020年2月、広島市内で講演し「利益だけにこだわるのをやめたら、家族も従業員も幸せになれる」と語った中村さんに、仕事について聞いた。

業績至上主義　心がすり減る

中村さん夫妻が1日100食限定のステーキ丼専門店を開いたのは2012年。国産牛の味が口コミで広がり、行列が絶えない人気店に。ランチ営業のみで午後5時台には全員が退勤。

働く時間を凝縮するために、売り上げに「100食」という上限を決めることにしました。早く売れたら、早く帰れるという発想の転換です。

そもそも会社はなぜ売り上げ増を目指さないといけないのでしょう。従業員のため？　社会のため？　実際のところ、経営側の欲なんじゃないかと思うんです。いつ景気が傾くか分からないから自己資金をためないと不安。そうして社員を長時間働かせても、健全に成長しない。

この「業績至上主義」によって今、日本の社会は行き詰まっているのではないでしょうか。非正規雇用や低賃金が広がり、閉塞感《へいそく》が漂っている。

よく「１００食以上売ったら？」「夜も営業したら？」と聞かれます。確かに売り上げは伸びるけど、働く時間が増えるほどには給料は上がりません。私も会社員時代は成果を上げても給料はあまり伸びず、残業続きの日々に「何のために働いてるんやろ」と心がすり減ることがありました。

だから現状を変えて「仕事と生活のバランスが取れる職場」を作ろうと思ったんです。「働きやすさ」と「ビジネスとして成り立つ経営」の両立を目指したのが今のスタイル。売り上げは、経営と従業員の暮らしを賄えればいいと割り切っています。

ポイントは「他店より安くておいしいこと」と「限定」という希少価値。ステーキ丼は税抜き千円だ。早いときは３時間足らずで売り切れる。

営業中は忙しいのですが、働く時間が短いからか従業員には余裕があって、笑顔が絶えません。店の生き生きした雰囲気がお客さんにも伝わっていると思います。

広告や宣伝費を使わない分、低価格で本当においしいものを提供できます。午後2時過ぎには完売し、翌日の仕込みをすれば終わり。外が明るいうちに帰るうれしさは格別です。働きに見合う給料で、時間のゆとりも十分にある。勤務が5時間減ったのに年収は前の職場とほぼ変わらないという従業員もいます。

ライフステージに応じて、働く時間も働き方も自由に柔軟に選べるのが本当の「働き方改革」です。佰食屋では出勤と退勤の時間によって基本給を変えています。有給取得率も１００％。余裕を持って人を雇うから、急な休みにも対応できて不満も出ません。

２０１９年夏からは1日50食限定の店「佰食屋１／２」も始めた。

定年後や子育て中の夫婦でも無理なく働けて、これからの人口減少社会に合うモデルが必要です。そんなに多くの人が店にこなくても1日50食売り切ればいい。夫婦で年収５００万〜６００万円を目指します。人生１００年時代、持続可能な「働き方のフランチャイズ」を全国に広げたい。仕事は本来、生活を豊かにするためのものです。誰もが自分の時間を尊重され、幸せな暮らしを諦めなくていいように—。それが私の夢です。自分の人生を丁寧に生きる、ささやかな幸せが日本には不足しているのです。

職場の改革　今すぐに

ワーク・ライフバランスの小室淑恵社長
内向きの仕事　捨てる決断力を
育児中だけに配慮　不公平感も

「今すぐ労働環境の改善を進めないと、日本社会は立ちゆかなくなる」。働き方改革の旗手として、千社以上を変革してきたワーク・ライフバランス（東京）の小室淑恵《こむろよしえ》社長（44）は危機感を強める。２０２０年1月、福山市で講演し「少子高齢化、人材不足は深刻。働き方改革はここ1、2年が勝負」と話した小室さんに、真意を聞いた。

―働き盛りの人口が減り、企業を取り巻く環境は激変していますね。

どの職場でも働き手の確保は大きな課題です。時間の制約がある社員を排除する余裕は、もうありません。多様な人材が活躍できる環境を整えた組織だけが生き残れるのです。

それに今の学生は働き方にシビアです。子どもの頃、父親の多忙が原因でけんかする両親を見て「仕事は家族を不幸にする」と考える子もいる。留学先で父親が夕方に帰宅しているのを見て、日本の働き方がおかしいと気付いた子もいます。日本の労働生産性は、主要先進国で最下位。国境を越えて人材を奪い合う中、優秀な学生から選ばれなくなる危機感を持つべきです。

この先、少子高齢化が一気に進んで財政破綻を招くか持ちこたえるかは、団塊ジュニア世代が出産リミットを迎えるこの1、2年が勝負です。ワークとライフの二者択一ではなく、両立できる働き方に今すぐシフトしなければなりません。

――仕事量は減らしていないのに早帰りを促す企業も多い印象です。業務をどう減らしますか。

本質的な改革のために大切なのは、管理職のマネジメント力です。あれもこれも完璧にしようとすると、業務は絶対に減らない。思い切って内向きの仕事を捨てる決断力が要ります。

例えば、毎月ある社内会議用の膨大な資料。さほど読まれていないのに、作成に時間をかけすぎていませんか。「念のために」と数パターン作るよう部下に指示して疲弊させていませんか。会議も2カ月に1回で十分かもしれません。今後は、仕事を減らす提案ができる人が評価される時代になるでしょう。

仕事の属人化も見直すべきです。複数担当制にしてメインとサブを置き、業務の「見える化」を進めると、どちらかが不在でも回るようになります。社員の自己研さんも必要です。小さなことですが、エクセルの操作を一つ覚えるだけで資料作りがぐっと速くなる。工夫次第で残業は減らせます。

――これまでコンサルティングした会社では、長時間労働を減らし、どんな効果がありましたか。

生産性の向上はもちろん、社員の私生活にも明るい変化が起きています。「早く帰宅できるようになって家族との関係が劇的に良くなった」という声が非常に多い。結婚が2倍、出産が2・5倍になった企業もあります。働き方改革は最良の少子化対策です。

家庭生活の充実が仕事にもいい影響を与え、業績が押し上げられる相乗効果も出ています。浮いた残業代を社員に還元する企業もあり、好循環です。

――小室さんも2人の子どもを育てていますね。

起業後ずっと、時間の制約がある中で働いてきました。育児中の社員も多いですが14年間ほぼ増収増益。有休消化率も100％です。皆が自分の「ライフ」を大切にし、良い化学反応が起きています。

ポイントは、男性も含めた職場全体で働き方改革を進めること。多くの企業で目立つのは、育児女性など特定の人だけに配慮する「ワークファミリーバランス」。それではフォローする側の仕事ばかりが増える。不公平感が充満し、「女性の敵は女性」のような現象が起きてしまいます。介護中の社員、妊活や婚活をしたい社員だっている。

全ての人に「ライフ」があることを前提に働き方を見直す、真の「ワークライフバランス」に取り組むべきです。それなしでは業績の向上は望めません。

日本型雇用　もう限界

人生100年時代、私たちは「働くこと」とどう向き合えばいいのか――。そんな問い掛けから始めた取材から見えたのは、長時間労働に象徴される「日本型雇用」の限界と、組織に絡め取られて「自立できない働き手」の姿でした。本書の締めくくりに担当記者2人が取材を振り返り、「本当の働きやすさ」って何なのかを考えます。

■正社員になれなかった就職氷河期世代や、子育てや介護で離職した人たち…。いったんレールを外れると再チャレンジは非常に難しい。働き手の情熱を利用した「やりがい搾取」にも悲鳴が上がる。

非正規から抜け出せない。使い捨てにされた…。連載で多くの共感が寄せられたのは、非正規ワーカーなど組織からはじかれた人たちの嘆きだった。新卒一括採用が色濃い日本型雇用のシステムの冷たさを憂う声が強かった。バブル崩壊後の就職氷河期世代は「貧乏くじを引いた」「現代の身分制度」とうなだれた。親の年金で暮らし、親子共倒れを心配する人もいた。

経済的な基盤が築けず、結婚や出産が遠のいてしまうケースも少なくない。年収が低いほど未婚率が高くなる「年収300万円の壁」の前で立ちすくむ男性もいた。かつて結婚して「寿退社」した女性は再就職できず「輝けない」とうつむく。

少子化で「人材不足」と言われるが、多様な働き手を受け入れる器はまだ育っていない。国や地方自治体の公務員の５人に１人は非正規。保育や介護、ＤＶ（ドメスティック・バイオレンス）の被害者支援などケア業務を安く使うことで生じる「官製ワーキングプア」にも不満が渦巻く。

■高度成長期に定着した「日本型雇用」は男性中心。長時間労働と上意下達の企業文化は、自分たちの働き方に合わない人を「異質な存在」とみなして排除する。

働く時間の長さや「イエスマン」かどうかで会社への忠誠心が測られる。「ボーイズクラブ」に入れるのは、男並みに働けて同じ価値観を共有できる人だけ。仕事と家庭を両立しようと頑張っても、活躍しにくいと感じる子育て中の女性は多い。男性の育休取得も進まない。

パワハラ問題も根っこは同じかもしれない。理不尽な要求や過剰なノルマなど、古い価値観を押し付ける上司にうんざりする若手は多い。個々の事情より組織の論理が優先される。

かつては同質性を高め、結束力と生産効率を上げる仕組みが有効だったが、多様な働き手が増えた現在にはフィットしなくなっているという指摘もあった。均質化した組織ではイノベーションは生まれず、競争力が失われる――。そんな警鐘が、どこまで響いているのだろう。

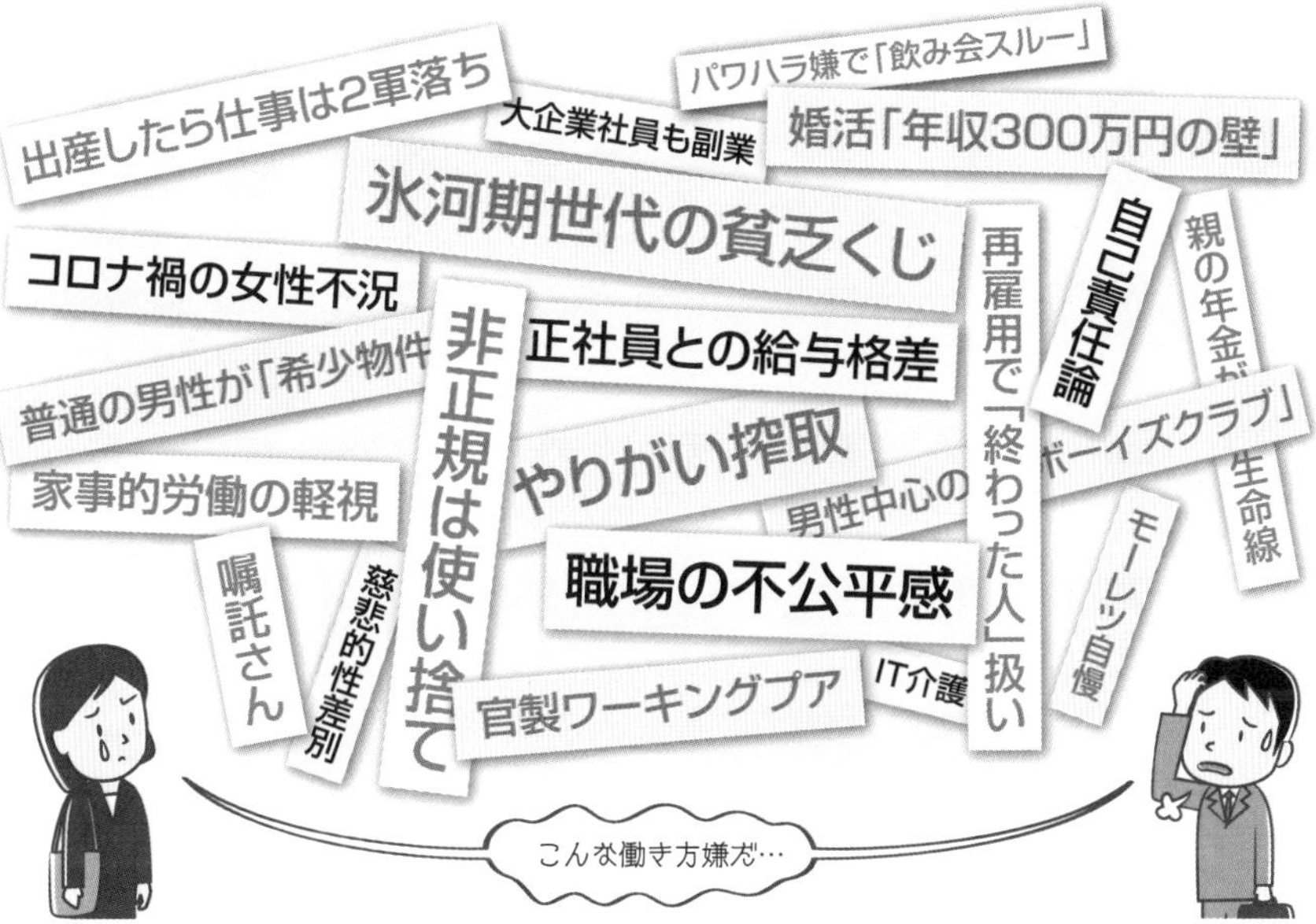

■「働き方改革こそ正義」の大号令。組織が「右向け右」と旗を振る風潮は、働き手の思考停止を招き、職場を息苦しくさせかねない。それぞれが自分に合った働き方を「選択」できるようになっているか。

働き方改革の本丸は、長時間労働という慣習をやめること。その方向性に異論を唱える人はほとんどいなかったが、まだ改革は成熟していないようだ。仕事の量を減らさないまま残業を規制し、持ち帰り残業や早朝出勤をして、かえって負担が増えたケースも少なくない。働く場所の制約をなくすテレワークも「強制されるのでは本末転倒」とため息が聞こえた。

結局、組織のための「働かせ方改革」にとどまっている、との指摘も少なくなかった。効率と成果ばかりがシビアに求められると、人間関係はぎすぎすする。働き手が納得できる改革まで、道のりは半ばだ。

「自立」できない働き手

見えてきた課題は――記者が振り返る

■「イエスマン」が求められる組織の中で、言われた仕事しかしない「指示待ち」、主体性を欠いた「くれない族」になっていないだろうか。

右肩上がりの高度成長期は「大量生産・大量消費」という分かりやすい目標があり、使いやすい「イエスマン」が重宝され、働き手も従順に応えてきた。そんな職場の体質がいまだに残る中で、働き手にも「指示待ち」の体質が染みついているのではないか――。そんな指摘を、識者らから繰り返し聞いた。

「ふさわしい仕事を用意してくれない」「能力を認めてくれない」。活躍できないことを周囲のせいばかりにする「くれない族」になっては、前への一歩を踏み出せないという意見もあった。

そんな中、働き手自身の成長がストップしがちになっている現実に向き合う必要がありそうだ。今後は、ＡＩ（人工知能）を中心とした技術革新が進み、人材が企業間を動くようになり、働き方の自由度が増すとの見方がある。「指示待ち」「くれない族」のまま自立できずにいると、取り残される心配がある。

■働き方改革の中で、働き手が「権利」を振りかざせば、成長の機会を失いかねない。

残業の規制が進み、育児や介護をしながら働ける体制が整い、パワハラ防止対策も促される——。職場のあしき慣習を見直すことに異論を唱える人はいない一方で、改革の趣旨にそぐわず周囲の納得を得られない事例も出ているようだ。

チームで残業しないといけなくても、定時でさっと退社する。「だって働き方改革でしょ」。若手の開き直ったような物言いに、中堅社員が困惑するケースもあった。会議中もスマホをいじって上の空。「やる気ないなら帰れ」と叱ったら「パワハラ認定」される。「指導とパワハラの区別が難しい」という声は現場に根強くある。

理由を説明せず頻繁に早退するワーキングマザーに対しても、子どもに関することは「聖域」で受け入れるしかなく、イライラを募らせる人もいた。

識者からは「ワークライフバランスは『楽にさせただけ』に終わっていないか」という見方も示された。働き手にとっては、成長の機会を失いかねない面がある。

■ワークライフバランスが大切と言われて久しいが、いまだに生活、人生のほとんどを「仕事」が占めている人が多い。このままでいいのか。

ある若手会社員は、長時間労働を賛美する上司に閉口していた。「限界まで頑張れ、最後の1秒まで手を抜くな」。仕事にせき立てられる日々は苦痛でしかない。「モーレツ社員」は時代遅れ、という意識は定着しつつある。

一方で、子育てで早帰りする女性や育児休暇を取ろうとする男性に、冷ややかな視線が注がれる職場もいまだにある。早めに業務を片付けて、映画を見ながらリフレッシュなんてもってのほか。「そんな日が来るとは思えない」

と諦めに似た嘆きも聞こえた。

会社にとらわれて家庭を顧みない男性のそばで、働く女性には仕事に加え、家事、育児と負担がのしかかる。「女性活躍が重い」という悲鳴も上がった。

会社とは別の世界、役割を持って豊かに生きる「パラレルキャリア」で輝いている人はまだ少ない。「単線出世型」の組織の中で、仕事に多くの時間をささげている人がほとんど。仕事と生活の時間をコントロールしてワークライフバランスを実現できる人は、まだ限られているようだ。

提案その1 「複業」で人間関係フラット

どうすればもっと働きやすくなるのでしょうか。場所や時間にとらわれず、複数の組織で横断的に仕事をする「複業」を上手に取り入れられるかどうかが一つの鍵になりそうです。

一つの組織で生涯働く「日本型雇用」は、安定の一方、固定した人間関係も生み出した。仕事の質より上司の顔色をうかがうといったケースもあり、異質なものの排除やパワハラも招いた。そんな古い企業風土から抜け出す一つのヒントが「複業」だ。

本業の補助として別の仕事をする「副業」から、さらに進んだ「複業」は、複数の仕事に序列を付けず並行して取り組むもの。ＡＩ（人工知能）に代替される業務が増える２０３５年。寿命も延びて長く働くようになり、生涯同じ仕事を続けるのが難しくなる時代の一般的な働き方になると専門家たちは予想する。

「複業」の中にはプロジェクトごとに会社の内外から人材を集めるスタイルもある。A社でのミッションが終わったらB社の別のプロジェクトに移るフリーランスに近い働き方だ。専門性が高い人を集めて事業を最速で立ち上げられる。情報拡散とニーズの変化のスピードアップに対応するメリットがある。

複業なら、人間関係本位ではなく、仕事本位の「緩やか」なつながりで、自分の意思で働く職場やスタイルを選びやすくなりそうだ。人間関係もフラットで、煩わしい上下関係がなくなるかもしれない。職場にいる時間ではなく、成果で評価される。正社員・非正規という雇用形態も必要なくなり、同一労働同一賃金の実現に近づきそうだ。

組織の「心理的安全性」高めよう

法政大大学院
石山恒貴教授（56）

「働くことを通じて働き手が幸せになるか」という観点を組織はもっと大切にした方がいい。「言うことを聞いていれば悪いようにしないよ」という家父長制的な在り方では、受け身になり思考停止に陥る。上意下達の「ピラミッド型」から脱却しないと「複業」時代に対応できません。

熱意を持って、やりたいことができる環境なら社員の幸福度も生産性も高まる。それにはまずは経営側の意識を変えること。部下の挑戦を受け入れ、失敗しても大丈夫と思わせる「心理的安全性」を高めることが大切です。

組織内外の交流ができる「副業」も前向きに捉えるべきです。外に出れば視野が広がり経験値も上がる。同時に外部の人材を受け入れ、知識や情報を取り入れることでイノベーションが生まれます。複数の価値観や軸足を持つ方がより豊かに生きられる。恋愛と同じで、相手をあまり束縛しない方が関係が長続きする面もあるのです。

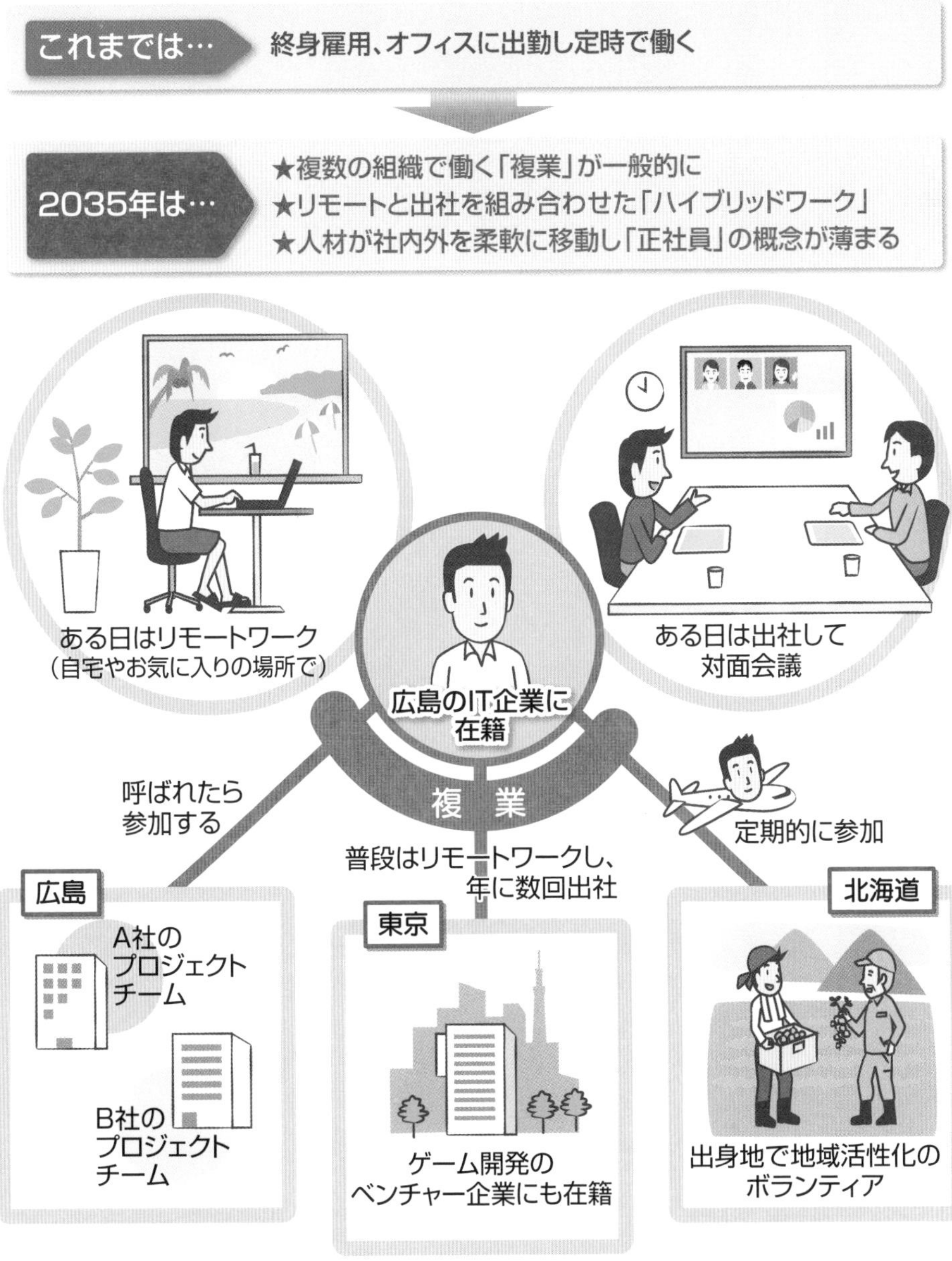

これまでは…
終身雇用、オフィスに出勤し定時で働く
2035年は…
★複数の組織で働く「複業」が一般的に
★リモートと出社を組み合わせた「ハイブリッドワーク」
★人材が社内外を柔軟に移動し「正社員」の概念が薄まる
ある日はリモートワーク
(自宅やお気に入りの場所で)
ある日は出社して
対面会議
広島のIT企業に
在籍
複業
呼ばれたら
参加する
定期的に参加
普段はリモートワークし、
年に数回出社
広島
A社の
プロジェクト
チーム
B社の
プロジェクト
チーム
東京
ゲーム開発の
ベンチャー企業にも在籍
北海道
出身地で地域活性化の
ボランティア

「働き方のオプション」増やして

リクルートワークス研究所
石原直子主幹研究員（47）

「働きやすさ」を考える時、誰のためのものなのかという視点が不可欠です。これまでは主に「長時間働ける男性」にとって心地よい環境でした。しかし生産人口が減る中、多様な人材を生かすためには働きやすさの再定義が必要です。

社員のやる気と潜在能力を最大限引き出すマネジメントが一層求められる。まずは個々の都合や価値観に応じて柔軟に選べる「働き方のオプション」を増やすことが大切です。

人事評価の在り方も変える必要がある。内部の出世レースで社員同士を競わせ、一度の失敗が命取りになる「減点方式」では萎縮してしまい、いい仕事はできません。上司との関係構築や根回しなど、その企業内でしか通じない「特殊能力」が高い人より、組織の枠を外れても勝負できる人材を育てるべきです。

「弱い絆」でつながろう

創業や企業経営を支援するブランドプロデュースラボ
川本真督《まさよし》代表（37）

キーワードは「弱い絆」。緩やかなビジネスパートナー関係を築くことでしょう。組織を超えたつながりだから、上下関係もなく、やらされ感もない。いい成果も生みだせます。

それは僕の実感です。２０１２年に東京の大手メーカーを辞めて起業しました。地元の廿日市市で全国のパートナーと組んで、業務システムや広告を作ったり、本を出版したり。パートナーの本業はサラリーマンですが、副業のプログラマーやライターとして活躍しています。

出会いはウェブ会議の会合などです。何度か話して口説く。自分の能力を発揮する場がないと感じている人は多く、得意なこと、やりたいことなら参加してくれる。勉強するし、やる気も十分。絆は弱くてもスキルの高い集団になれます。

提案その２ 学び深め仕事のカタチ選ぶ

私たち働き手はもう、組織に依存ばかりせず、自らの手で仕事のスタイルを選択していくときではないでしょうか。「選ぶ」と「学ぶ」。一人一人が自立して働くためのキーワードとして浮かんできます。

「働くということが、人生や生活の中で大きくなり過ぎている人が多いんじゃないでしょうか」。県立広島大大学院の木谷宏《きたにひろし》教授（人事管理論）は、そう問い掛ける。自己実現の手段が仕事しかないとか、仕事でどんなポジションにいるかで人としての序列が決まってしまうとか。そう思い込んでいませんか、と。

同じ企業に生涯勤め、毎日通い、求められるままに残業する―。「この働き方しかない」という長年の思い込みを捨てられたら、視界が開けるかもしれない。

例えば、仕事に打ち込みたいときは、日々のほとんどの時間を仕事に充てる。育児や介護が必要なときは、仕事をそれまでの半分にする。別のスキルを身に付けたくなったら、学ぶことを生活の中心に。ライフステージや価値観に合わせて、自ら働き方を選ぶ。

それは果たして、夢物語だろうか。近い未来、複数の組織で横断的に仕事をする「複業」が広がれば、実現できる人が増えるという見方もある。

そのためには、どんな準備が要るだろう。木谷教授はどんな仕事でも「腕っこきの小さなプロ」を目指そうと呼

これまで… 組織に依存し、仕事に軸足を置きすぎ

これから…
★ライフステージや価値観に合わせて働き方を自分で選択。
仕事のウエートもチェンジ
★学んで「個」を磨く

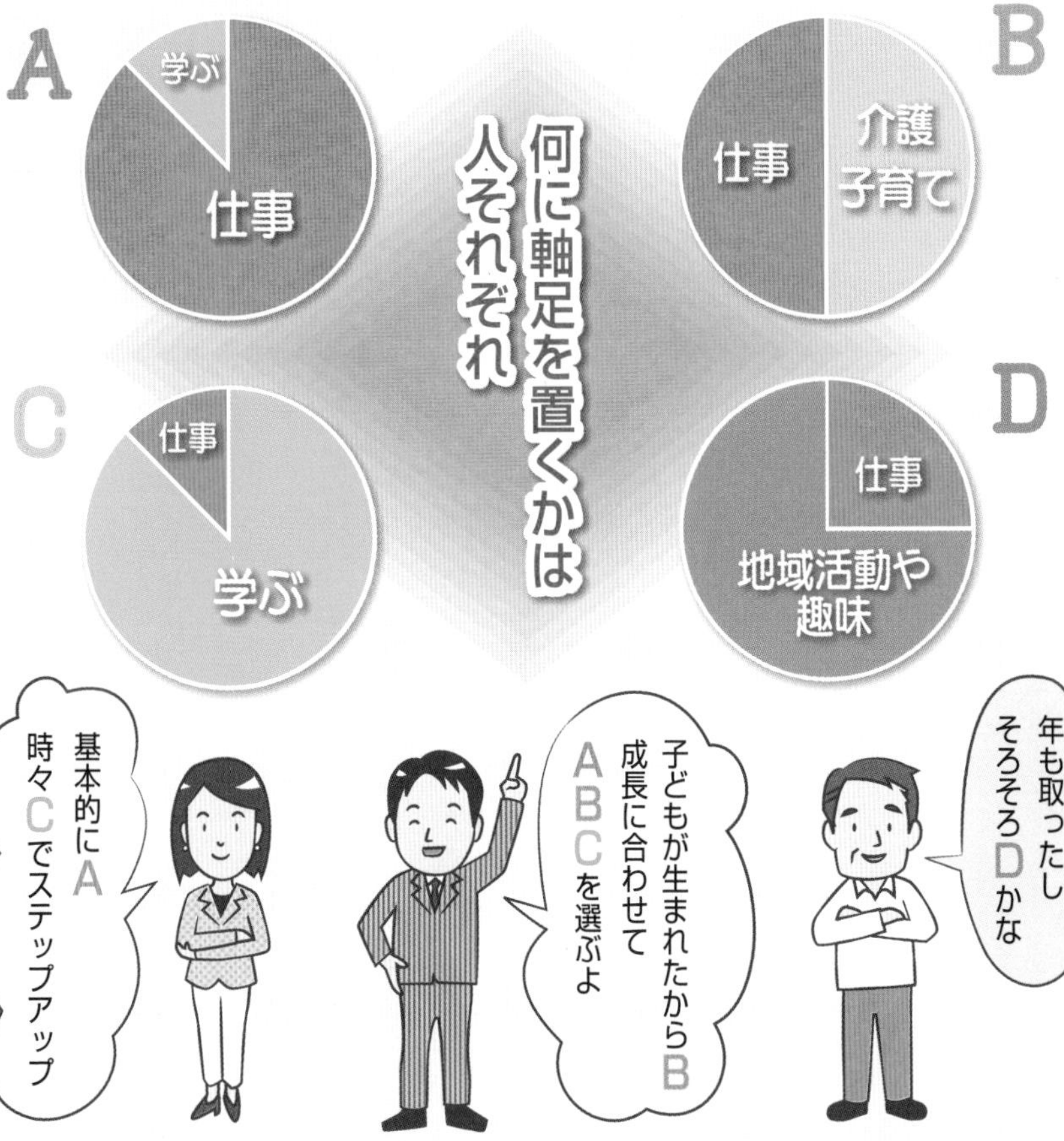

何に軸足を置くかは人それぞれ
A
学ぶ
仕事
B
仕事
介護
子育て
C
仕事
学ぶ
D
仕事
地域活動や趣味
基本的にA
時々Cでステップアップ
子どもが生まれたからB
成長に合わせてABCを選ぶよ
年も取ったし
そろそろDかな

び掛ける。その組織の要請に応えるだけの「見事な歯車」にとどまれば、社会で通用しないし、イノベーションも生まれない。学ぶことで「個」を磨き、仕事の質を高めることが、自ら働き方を選択するときの強みになる。

目標を立て働き方をデザイン

ウェブマーケティングを手掛けるＴＯＭＯＲＲＯＷ
津川《つがわ》大輔《だいすけ》社長（26）＝広島市中区

仕事って、すごくしんどい。でもしたいことなら、やりがいがあって楽しい。思い切り頑張れる。今の僕はまさにそう。楽しいかどうかが、働きやすさを決めるのではないでしょうか。

そのためには、自分で働き方をデザインすることが大切です。僕は中学生の頃からの目標だった起業を、２０２０年秋に実現しました。それまでに経験したことが下地にあります。

大学を卒業して証券マンになり、退社して海外で働きながらマーケティングを学びました。広島に戻って広告代理店に勤務。そして今に至ります。

まだ僕の月額報酬は10万円。社員の何分の１かだけど、さらなる目標があります。収益を上げ、40代でリタイアして小さな飲食店を開く――。人生のデザインを描くことも働き方の指針になるはずです。

時間を自ら管理　合理的に働こう

広島の情報を発信するウェブマガジン「ペコマガ」
市川梅編集長（27）＝東京都

「1日に働くのはきっちり8時間」が私のポリシー。時間を管理し「いつ、何をするか」を自分でハンドリングするのが「自立」だと思います。「この作業は何分でできる」と把握し、優先順位をつけて処理する段取り力が要ります。

ペコマガでの情報発信に加え、市場調査やウェブサイト制作もしています。そのためのスキルは、自分から情報収集して学ばないと誰も教えてくれない。学校に通わなくても、ネットや本での独学で「やればできる」と感じています。

そんなスキルアップの時間を捻出するためにも、合理的に働く必要があります。起業が夢だし、趣味や資格取得にも力を入れたい。昔から上司の残業に合わせて部下も居残りする日本企業の文化が嫌でした。結婚で広島から東京に来てからはリモートワークが中心。時間管理の重要性を一層感じています。

しなやかな自己改革の力　磨いて

地域発のオープンイノベーションに取り組む一般社団法人ウィーヴ
小野眞《まさし》司理事（60）＝福山市

組織はもちろん、働き手もいかにしなやかさを備えるか。「レジリエンス」という柔軟で強くもある自己改革の力が欠かせないとみています。

私も企業で定年まで働きましたが、一つの会社に勤め続ける時代は終わりに近づいていると思います。今の20代、30代前半はその意識が強い。いくつかの組織で仕事や役割を果たす「複業」とか、所属主義にとらわれない「ハーフフリーランス」のような働き方がトレンドになりそうです。

時代の変化を「機会」と捉えませんか。働くことも学びです。たとえ、お金のリターンはなくても、複数の場に関わることで経験や能力が磨かれる。ただ、変化には危機もあります。これからＡＩ（人工知能）に代替される仕事も増えてくるでしょう。働き手のレジリエンスはセイフティーネットにもなるはずです。

取材を終えて

探し続けた問いの答えは

２０１９年12月から始まったこの取材。出会った人は１００人以上に上ります。読者からも３００件近くの反響が寄せられました。おわりに、先行きが不透明な時代の「働き方」をテーマに多くの皆さんに接した担当記者２人が、心に残ったエピソードを紹介します。

画一的な価値観　心の呪縛

報道センター社会担当　欒暁雨《らんしょうう》

「就職氷河期」というワードに敏感に反応してしまうのは、自分も同世代だからだろう。バブル崩壊後の「失われた20年」の中で育ち、就活で苦労した先輩や同級生は少なくない。派遣社員の友人、就職に失敗して自ら命を絶った知人もいる。生まれた時代で生じる理不尽な格差。30、40代になった当事者の声を聞きたくて始めた取材だった。

結論から言うと、氷河は解けていなかった。コロナ禍によって一層苦境に立たされた非正規ワーカーもいる。そして、同年代の正社員も働きづらさを抱えていた。会社に滅私奉公する人、長時間労働やパワハラが「当たり前」

と刷り込まれている人…。読者からも「もう疲れ果てた」「駒としか扱われない」との訴えが相次いだ。

それなのに「仕事があるだけまし」と我慢をしている人が多いのは、いったいなぜなんだろう。氷河の冷たさを肌で感じているからではないか。「こうあるべきだ」というレールから外れることを恐れ、それ以外の選択肢を削り取られているように見えた。

女性活躍の取材で出会った共働きの女性（38）の言葉が印象深い。「良い母、良い妻、良い社員として輝けと求められ、押しつぶされそう」。仕事と家事・育児を両立する「ワーママ」こそ令和の「勝ち組」。女性誌で紹介される理想像とのギャップに苦しんでいた。寝不足で目の下にはクマができ、白髪もちらほら。それでも氷河期世代の彼女は、苦労して得た職を失いたくないという。

進学、就職、結婚、出産という人生の「既定路線」からこぼれ落ちないよう必死に泳いできたのだろう。溺れた人に社会は冷たく、差別や偏見が絶えない──。そう知っている私たちは、画一的な働き方、価値観から逃れられないでいる。

10年前、留学先で出会った世界の若者たちのことを思い出す。正社員神話なんてないし、新卒で就職しなくても、仕事を転々としても何の問題もない。年齢も性別も偏差値も、日本を出たら関係ない。人生の解は無限にあって「幸せの物差し」を自分で決められる。そんな社会は温かい。

解けない氷河の中で、組織に絡め取られているのかもしれない。この働き方は大丈夫か──。まずは、今の「当たり前」「普通」を疑ってみることから始めてはどうだろうか。それは、私自身に向けられた問いでもある。

本音言い合える関係力に

報道センター社会担当　林《はやし》淳《じゅん》一郎《いちろう》

時計を見ると4時間近くがたっていた。広島県内のある喫茶店。連載のスタートが近づいた2019年11月末、非正規で働く40代女性は「働きづらさ」への不満と憤り、暮らしの不安をあふれるように訴えた。

正社員と変わらない仕事なのに年収は3分の1という。非正規でも男性の方が早く昇給する。ぜいたくはしていなくても生活はかつかつ。「格差が少しでもなくなれば…」。そう願う女性が最後に語った言葉が今も忘れられない。「聞いてもらうだけでいい。なかなか話せないことだから」

国などの雇用データは膨大にある。しかし、データだけではすくい取れない働き手の「嘆き」は想像以上に多く、社会に潜んでいる。取材を重ねて痛切に感じたことだ。

連載では、登場する働き手たちの多くを匿名にした。一人一人の心の奥底にある悩みや望みを、本音を伝えたかったからだ。さらけ出して新聞に載ると、勤め先での立場が悪くなるかもしれない。仕事探しに影響する可能性もある。

匿名という制約はあったが、「本音」への反響は大きかった。多くは「私もなんです」という共感の声。その一つ一つが連載を展開していくための心強い指針になった。年収や家族関係、傷ついた体験などプライベートに踏み込む取材に応じてくれた人、反響を寄せてくれた読者に感謝の気持ちしかない。

あらためて思うのは、働き手の「嘆き」を社会全体で受け止めきれていないということだ。働きづらいのは、すべて自己責任なのだろうか。社会も組織も人を大切にする意識が薄く、冷たくなっていないか。そんな気がしてならない。

働き方改革が叫ばれ、長時間労働や待遇格差の是正が促されている。こうした規制や制度の一方で、働きやすさをたぐり寄せるための糸口は、もっと身近なところにもあると思う。

面倒くさいかもしれないが、本音を言い合える関係づくりにいま一度、まなざしを向けたい。職場の同僚はもちろん、組織を飛び越えてもいい。わが身を振り返っても、先輩記者だけでなく、取材先で知り合った人たちにどれだけ救われたことか。

そうした関係を深めていくことが、実は前を向くよりどころになるのではないか。どんなにＩＴなどの技術革新が進み、仕事のスタイルが多様化しても、働き手が一歩を踏み出す大きな力になると信じている。

おわりに

振り返ると、想定外だらけの取材だった。新聞で連載が始まったのは２０１９年12月。その後、コロナ禍がこれほど長引き、働き方や暮らしに変化とダメージを与えるとは思っていなかった。21年２月に連載を締めくくって半年たつが、タイトルの「この働き方　大丈夫？」は、終わりなき命題のように感じてならない。

コロナ禍で景気が低迷し、解雇や雇い止めは深刻さを増している。パート先を解雇されたシングルマザーは、記者の前でハンカチを握りしめ、涙を流した。「もうマンションを出なきゃ。家賃が払えないから…」。こうした働き手は今もすぐそばにいる。しわ寄せが真っ先に及ぶのは非正規で働く人たちだ。

テレワークや副業など、新たな働き方も広がった。しかし、職場を離れ、自宅などで仕事をこなすスタイルに慣れない人は少なくない。副業といっても、景気の低迷で減った本業の収入を補うため、仕方なく第２の仕事を探す人もいる。伝えきれないため息の数々が社会に散らばっている。

連載で紹介したのは、ほんの一部なのだと思う。それでも貴重な声に違いない。あらためて、取材で本音をぶつけてくれた多くの働き手に感謝したい。つらい胸の内を吐露する人もいれば、希望や決意を語る人もいた。読者からも共感の言葉や経験談が寄せられた。一人一人の声が連載につながり、この一冊に結び付いている。

さらに本書を開くと、文章よりも目を引いたかもしれない。働く現場のありようを分かりやすく伝える数多のイラストだ。記者の取材を基に、社内のデザインチームが奮闘してくれた。

そして何よりも、この連載に注目してくださった集広舎の川端幸夫さんの力添えがなければ、書籍化に至らなかった。構成・編集では独立社パブリック・リレーションズの本山貴春さんにご尽力いただいた。心から、お礼を申し上げる。

２０２１年秋　中国新聞報道センター社会担当

欒暁雨《らんしょうう》

林淳一郎

中国新聞取材班

欒暁雨（らん・しょうう）2006年入社。
多文化共生や男女共同参画などに関心あり。
ついつい仕事のことばかり考え、運動不足気味。

林淳一郎（はやし・じゅんいちろう）
1998年入社。記者として最も長く担当したのは歴史・文化財分野。要領が悪いのが泣きどころ。

デスク　平井敦子
イラスト・グラフィック　大友勇人

この働き方大丈夫？

令和3年（2021年）10月15日　初版第1刷発行
著　者　中国新聞取材班
発行者　川端幸夫
発行所　集広舎
〒812-0035 福岡市博多区中呉服町 5-23
TEL: 092-271-3767　FAX: 092-272-2946
https://shukousha.com

制作・装丁　独立社パブリック・リレーションズ
印刷・製本　モリモト印刷株式会社
ISBN978-4-86735-019-5　C0010